JN320749

Saionji Maki

西園寺真妃

自分の力で輝く

白光出版

自分の力で輝く——目次

第4章

第5章

装丁　渡辺美知子
扉・本文イラスト　大羽　りゑ

自分の力で輝く

序文

私たち人間は、皆一人ひとり違います。この私たち一人ひとりに与えられた違いは、見方を変えれば「特権」になります。そして、この違いをどのように捉えていくかで世界の見え方は全く変わってくるのだと思います。

自分が授かった違いを周りにひけらかし、自分は他よりも優れていると優越感に浸ってしまったら、せっかく授かった能力は「特権」としての能力を発揮することなく終わってしまいます。しかし自分が授かった他と違う能力を他のために役立て、他と分かち合うことが出来るような人なら、その能力はその人の「特権」として、周りの中で輝きはじめることでしょう。

人類の価値は今、お金に置かれています。お金になるものに価値があると判断され、それを目指し教育や会社の人材育成が行なわれています。しかし今後は、お金や物に価値が置かれる時代を卒業し、それぞれの「特権」を生かした世界が広がっていくと思います。これからは、一人ひとりが持って生まれた好きなこと、得意なことを思う存分発揮し、一人ひとりが輝きながら生きる世界が近い未来に作り上げられていくと感じるのです。そして一人ひとりの持つ特権、輝き度が評価され、それらに価値がおかれる教育、社会、世界が作り上げられていくのだと思います。

この近い未来の新しい人類の到来に向けて、より多くの方に今のうちから自分の特権探しをしてみてもらいたいと思いました。自分の生まれ持った特権は何だろう？　自分が輝ける分野は何だろう？　自分が他に分け与えることの出来る能力は何だろう？　このように自分の中にある宝を探してみてもらいたいのです。

現代社会はあまりにも忙しく、日常生活のサイクル、日々の課題に人々は追われながら毎日を送っています。懸命に時間をこなしています。現代の人はあまりにも時間に追いたてられ、自分の人生であるはずなのに自分のために過ごしているひと時が全くなく、しかもこの事実に気が付かない人がほとんどなのであります。

一日の自分を振り返り、どれだけ自分のために時間を使うことが出来たか計算してみてください。ほとんどの人が自分のためだけのひと時を二時間も持ててはいないと思います。このような毎日では自分の宝探し、特権探しなど出来るはずがないのです。せっかく持って生まれた宝を見つけることなくこの世を去っていくのではもったいないと思います。

だからこの本を読んでいただいて、読んだあと一時間でも多く自分のための時間を確保し、自分の宝、自分の特権を探し、自分が自分の力で輝ける方法や生き方を考えてみていただけたら光栄に存じます。

世界がお金ではなく物ではなく、その人の輝き度でその人を評価する世界に変わった時に、いち早く輝けるような人になるための準備体操と考え、自分の心の中の太陽、心の中の宝に再会してみていただきたいと思い、この本を書かせていただきました。

自らの中に光り輝く太陽や宝が存在していることを確認できたあとの生き方や世界の見

え方は、全く違ってくると思います。だからこそ、一日でも早くこのことに気が付いてほしいと心から願うのであります。

この本の中で、私は私なりに自分探しをしてみました。人間が輝ける理由探しをしてみました。この本の内容が皆様の自分探しや自分の輝き発見のきっかけになったら良いなと心から願っております。

第1章

過去に生きるのはもうやめよう

新しい未来に向かって

砂時計と人生

今という瞬間は、次の瞬間には過去となります。今考えていることは次の瞬間には過去の考えとなり、そしてそれらは、私たちの頭の中に記憶として刻々と蓄積されてゆきます。その状況は、物にたとえると砂時計のような感じです。砂時計は上部に溜まった砂がさらさらと下部に流れ、そして流れた砂は、時間の経過とともにどんどんと蓄積されてゆきます。

私たちの人生もまさに砂時計のようなものだと思います。私たちの人生には、止まった今という状態は存在せず、砂時計のように動的な今がどんどんと過ぎ去ってゆき、それらは砂時計の下部に溜まってゆく砂のように、私たちの中に蓄積されていっているのだと思います。

したがって、私たちに大切なのは溜まった過去を見つめることではなく、溜めるものを作り出す今をどのように過ごすかなのです。大切なのは過去ではなく今であり、記憶する能力ではなく実行する能力、創造する能力なのです。私たちが今、想像していることが未来の今を創り出し、新しい自分を創り出すのです。そして私たちが今、実行したことが私たち自身に蓄積され、未来の自分を創り上げているのだと思うのです。

記憶とは、過去の出来事を頭の中に留めているだけに過ぎないので、そこから新しいものが生まれるはずはありません。

過去の誤りを繰り返さないために歴史を

学ぶことや過去を思い出すことは大切だと思うのですが、過去ばかりを見ていては新しい未来や新しい創造は出てこないのです。

でも、多くの人間は過去を思い出し、過去に把《とら》われ、悔やみ、後悔しがちです。そして今の決断をする時に過去の似たような出来事を振り返り、過去はこのように行動したからこういう結果だった、また同じような行動をしたら同じようなことが起こるだろう、と過去の記憶の中に自分の存在を生かし、その結果、新たな一歩を踏み出せない状態に自分を置き、大きな不安の中に自分自身を陥れてしまっているのです。

進化しつづける自他

過去は、過去に過ぎないのであり、今とは違うのです。どんどん下部に溜まってゆく砂時計の砂を思い出していただくと分かりやすいと思うのですが、同じ状況は絶対にあり得ないのです。

なぜなら時間の経過とともにどんどん砂が積み重なり、形を変えてゆくように、新しい今がどんどん現われ、状況も変わっているからです。今は動いているのです。

したがって、同じ決断をしたとしても、過去と同じ状況が現われるはずはないのです。自分の過去に把われてしまうために新たな一歩を踏み出せないでいるくらいだったら、そんな記憶は思い出さないほうがよいと思うのです。

なぜなら、今というのは常に進歩しているからです。過去と同じような今が目の前に存在するように見えても、それは錯覚に過ぎないのです。そう見えているに過ぎないのです。過去と同じ今などこの世に存在しないのです。

過去、自分がある行動を起こし、それに対して相手はこういう行動に出てきて失敗してしまった。だからまた同じようなことをしたら同じ結果が現われるのではないかと、そのことを不安に思って人生を踏み出せないでいるのはもったいないのです。

なぜなら、その時より今の自分、今の相手は確実に進化しているからなのです。自分も進化しているけれど、相手も進化しているのです。お互い過去より進化しているのに、同じ結果が生み出されるはずがありません。

しかし、多くの人は残念なことにこのことに気が付かず、過去のお互いの姿に執着し、勝手にお互いの未来像を過去の記憶をもとに予想しては、自らを恐れや不安の中に陥れ、無限なる可能性に溢れた未来への一歩を踏み出せずにいるのです。

未来のために生きる

過去を見ているために、自らの真の今を、刻々と進化しつづけている今の自分を捉えられずにいるのはもったいないことです。過去は過去であり、それは今ではないのです。

自分がその時より進化していることを信じ、相手も以前よりは進化していることを信じ、勇気を持って一歩を踏み出してほしいと私は強く思うのです。

その勇気ある一歩を踏み出すことにより、自分、そして相手が進化しつづけていることに気が付くことが出来、また、今というのは決して過去の再現ではないことに気が付けるのです。

そうすれば、過去を振り返るのをやめ、今を過去の記憶の中で生かすことをやめ、以前よりは進化しつづけている自分を信じ、未来を信じ、その信じるエネルギーと勇気を持って新しい一歩を踏み出し、今の自分をさらによりよく進化させ、新しい未来、新しい結果へと自らを導くことが出来るのです。

自分の今を、過去を悔やんだり、過去の失敗の原因を詮索することのみに使うことをやめて、新しい未来を創造するために使ってゆけるように常に意識することで、自らをさらに進化、向上させてゆくことが出来ると思います。

過去は過去であり、今ではないのです。今を過去の中で生きるのをやめて、未来のために生きてほしいと私は強く強く願っているのです。

「忘れる」ことの効能

忘れるという不思議な現象

私は家族や友達に「この間話したのにもう忘れたの！」「ちゃんと人の話を聞いているの？」などとよく言われます。

家族や友達と話したことや、以前自分の経験したことをすっかりさっぱり忘れていることがあり、そんな経験をするたびに、私は人間の忘れるという現象が不思議でたまらなくなるのです。

忘れるという現象を考える時、すぐ思いつくのが私の祖母のことです。一緒に住んでいる祖母は、いつも物事を忘れてしまうことを悲しんでいます。人の名前を覚えられない、昨日食べたものを忘れた、明日出かける時間を忘れた、と言っては、もう年だから頭に入らなくなってしまったんだね、と嘆いています。

しかし、祖母は家族の誰にも迷惑をかけることなく、一人でしっかりと生活しており、私からしてみればその姿は立派で、祖母として本当に誇りに思います。祖母はどんなに体がつらくても、なるべく周りに迷惑をかけないよう、心配をかけないようにと一生懸命に生きています。

人の名前を忘れるくらい、いいじゃないと思ってしまうのですが、やはり祖母は忘れる自分が気になる様子で、常にこのことばかり気にしています。

祖母にとって、忘れる現象は人間が生きてゆく上で不便で情けないことであり、物忘れは、ボケや痴呆を連想させるマイナス言葉であり、イメージなのであります。しかし私は、この忘れることが実は私たちを成功に導いてくれる大切な役割をしているのではないかと思うのです。

忘れることで人は新生する

人間がこの世界で生きてゆく上で大切なことは、どれだけ出来ない自分に執着しないか、ということだと思います。つまり、出来る自分をどれだけ意識できるかということが、自分を成功への道に導いてくれる鍵なのだと思います。

しかし失敗や挫折を経験すると、新しい何かをしようとした時、どうしてもその挫折や失敗した自分の姿を思い出してしまい、その時の自分と今の自分が重なり合い、出来ない自分のイメージから抜け出られなくなってしまいます。

しかし忘れることにより、失敗した自分、出来なかった自分に別れを告げられ、自然と思考の中心を出来る自分、未来の成功している自分に置くことが出来、そのプラス思考により、自分を出来るという道へ導いてゆけるのだと思うのです。

つまり人間は忘れるという行為により、過去の自分から未来の自分へと意識をシフトさせることが出来るのではないかと思いました。

過去の経験も大切ですが、それはあくまでも過去であり、今から未来に進もうとしている自分にとっては終わったことなのです。それよりは、未来の成功している自分をイメージし、頭の中にその姿を描き出すことが大切なのだと思います。その過程の中で、失敗している過去の自分は邪魔な存在になるため、人間には忘れるという現象が存在しているのではないかと思ったのです。

だからこそ、忘れるというその現象を悲しく思い、嘆くのではなく、それは私たちが少しでも早く、自らの想像する輝かしい未来を手にするための有り難い現象であると受け止め、それに把われることなく前に進んでゆくことが大切なのだと感じました。

私を含めた私たち家族はみな祖母のことが大好きで、祖母が少しでも笑顔で喜びに満ちていてくれることを願っています。

過去は忘れてよいから忘れるのであり、それを忘れることにより、私たちは無限なる可能性を発揮させやすくなるのだと思います。私は祖母を通して「出来る自分」を意識する大切さを学ぶことが出来たのでした。

「可能」という選択肢を選びつづける

「可能」「不可能」という選択肢

自分の想念には常に出来るか、出来ないかという二つの選択肢があり、私たちにはそれを選ぶ権限が与えられているのだと思います。つまり、「可能」か「不可能」かということは選択肢であり、それを選ぶ資格は自分にあるのだと感じるのです。

私の知り合いを見ていると、「可能」か「不可能」かということは選択肢ではなく、未知の、予測不能なこと、または偶然と感じている人が多いのです。

しかし、自分の目の前に出された課題を乗り越えることが出来るか出来ないかは選択肢であり、それは人間一人ひとりが自分自身で選び取っているのだと私は強く思うのです。

悩む前に一歩踏み出す

人間は人生の過程においてさまざまな課題にぶつかります。この課題はどんなことでも……たとえば学校の試験だったり、仕事の業績だったり、友人知人との間のトラブルであったり……何でもよいのですが、私たちはこういった課題を目の前にし、常に乗り越えられるか、乗り越えられないかという選択肢の狭間に立ちながら日常生活を送っているのです。

課題が目の前に出てきた時、私たちはまずそれが出来ることか、出来ないことかについて悩みます。出来ることを信じ、一歩を踏み出すという行動を起こす前に、まず頭で悩むのです。そしてこのような状況の中で何を選ぶか、「可能」を選ぶか、それとも「不可能」を選ぶかにより、その後の結果は全く違ってきてしまうのです。はっきりと選択肢を選べなくても、どちらの選択肢に自分の気持ちの中心を置くかによって自分の将来が、がらりと変わってくるのだと思います。

あるオリンピック選手が〝不可能とは誰かに決めつけられることではなく、現状に甘んじるための言い訳にすぎない〟と言っていたのを思い出します。オリンピックの選手のように、出来ないという臆病な自分の存在を忘れ、自分の能力を信じ、まず足を一歩前に踏み出し、考える前に行動に移すことにより、出来る自分、可能な自分が一歩近づいてくるのだと思います。そして、これが選択なのです。自らの人生の選択なのです。

出来ない自分に想念の中心を置いてしまって足を一歩前に踏み出すことを躊躇していては、出来る自分に出会うことはないでしょう。

出来る自分、課題を乗り越えられる自分に集中し、とにかく一歩前に出る、その選択肢を選ぶことが、不可能と思われることを可能にしてゆくコツなのだと思います。

幸せの投票箱

二元対立について

母[注1]は「もともとこの世に二元対立は存在しない。不可能や可能という言葉はあるが、不可能は実際存在しておらず、不可能とは限りなく可能から遠い状態を表わしている言葉に過ぎない」と説いています。

この世界には二元対立が存在すると思われがちですが、私も母の言う通り、この世の中を見回してみても、二元対立はもともとないと思います。相反するように見える物事でも、それらは対立しているのではなく、共存している気がするのです。

つまり、善・悪、可能・不可能、幸・不幸などという状態は相反する状態で、同時には存在しえないと思われがちですが、それらは今という状況に共存していて、私たちの捉え方次第で、どちらも捉えられると思うのです。

幸せも不幸も自分の捉え方次第

とても幸せな状況にあっても、悪いことを見つけようとすれば、そこからいくらでも不平不満を見つけ出すことが出来ます。また、不幸な状況にいても、全く一つの幸せもそこから見つけ出せないかというと、それは違うと思うのです。

幸せも不幸も多数決のようなもので、現時点でどちらの割合が自分の中に多いかにより、自分を「幸せ」とか「不幸」と表現しているのだと思うのです。

母が申しているように、不可能が限りなく可能から遠い状態のことであるように、不幸も限りなく幸せから遠い状態のことなのです。

今という瞬間は刻々と変化していて、それはまるで選挙の開票経過をテレビで見ているようなものなのだと思います。テレビで選挙の開票速報を見ていると、刻々と候補者たちの得票数が変わってゆくのがわかりますが、私たちの今過ごしている世界も、まさしくこの選挙開票経過のようなものだと思うのです。

幸せ・不幸、喜び・悲しみなどという相反するような感情も、時間と共に刻々と変化しており、それはどれだけ自分の中で幸せの票を伸ばしたか、不幸の票を伸ばしたかにより、どんどん変わっていっているような気がします。

これらの幸せと不幸の票の総数により自分の今の心の状態が評価・決定されます。ですから、この目の前に広がる世界からどちらの票を自分の中に入れ込み、作り出すかによって、自分の心の状態を全く違う状態にすることが出来る気がするのです。

つまり、不幸といわれる状態の中にいるように見えても、その中で出来るだけ多くの幸せを見つけてゆき、それらに目を向けることで、幸せが中心となった世界を、自分の中に作り上げることが出来ると思うのです。

意識によって状況は変えられる

その良い例が「だまし絵」です。見るポイントを変えることで、アヒルともウサギとも捉えられるジャストローの「アヒルとウサギ」という絵を見ると、どちらかの動物が先に目に入ってくると思います。

人間は習慣で生きている動物なので、はじめにウサギが目に入った人は、何回見直しても、まず見えてくるのはウサギだと思うのです。

しかしこの絵には、ウサギとともにアヒルも共存しているのです。そしてウサギがはじめに見えた人も、じっくりアヒルを見ようとすれば見ることが出来るのです。つまり自分が今見ている世界は、自分がそのように見ようと作り上げただまし絵のような世界なのです。自分の目の前に広がっている世界がすべてなのではなく、そこには自分が見えていな

いけれど存在する他の世界が共存しているということです。

これがプラス思考とかマイナス思考ということになるのだと私は思います。アヒルとウサギの絵のように、すべての状況には二つ以上の要素が共存していて、その状況からどちらのものを捉えるかは、一枚のだまし絵からウサギを見るか、アヒルを見るかと同じことなのだと思うのです。

同じ絵を見せて、一人は必ずウサギが見え、もう一人には必ずアヒルが見えるように、プラス思考と言われる人は、どんな状況でもポジティブな面をそこから引き出し、逆にマイナス思考の人は、同じ状況に置かれても、きっとネガティブな面を引き出すのだと思います。

これは例えば、コップに半分の水が入っているのを見て、ある人は「コップに半分も水が入っている」と言い、もう一人の人は「コップにもう半分しか水がない」と言うのと同じです。同じ状況から引き出される答えも考え方によって全く違ってくるのです。

しかし、この傾向というのは変えることが出来ると思うのです。別の見方をしてみようという気持ちを持ち、ある状況には相反するとされる全く違う概念が共存していることを理解し、違う概念で今見えている世界を捉えてみようという心を持てばよいのだと思うのです。

どんなに幸せでも、その状態は静止してはいません。またどんなに不幸でも、その状態も止まってはいません。

幸せの中では幸せな状態を喜び感謝し、不幸の中では、その状態の中にも幸せが共存していることを信じ、それを見つける努力をしつづけることで、テレビの選挙の開票速報さながらに、自分の中でぐっと幸せの票を伸ばしてゆくことが出来るのだと思います。

人間の心の中にいろいろな感情が共存するように、現実の世界にもさまざまな概念が共存しています。自分が現状をみて、どの概念を選ぶかにより、自分の心の中の幸せ票をいかようにも伸ばすことが出来、それにより次の今を変えることが出来るのだと思います。

変化してゆく〝今〟

自然の世界を見ても刻一刻と変化する今を感じます。自然が私たちに見せてくれている一瞬一瞬の風景は全く違っています。太陽の位置、雲の位置や形、そして太陽と雲の織り成す色や風景は刻々と変化していて、常に動いています。

私たちの人生もこの自然のように、常に動いているのです。常に動きつづけていて、同じ状態が続くようなことは一秒たりともないのです。

どんな自分が今存在していようが、そしてその自分がどんなに不幸そうに見えても、違う自分に目を向けてみることで次の瞬間は夕暮れ時の空が全く違う色や風景を現わすように、全く違う自分を引き出すことが出来るのです。

自分が不幸に見えても、今がどんなに辛くても、この今をどうにかしようと考えはじめ、そして対立しているように思える概念も、実は対立ではなく共存していることに気づき、よりよい幸せな状況を見つける努力を惜しまなければ、幸せの兆しを探し出すことが出来ます。そしてその努力により、誰もが自らの力で今の瞬間や今の積み重ねで作り出される未来を変えることが出来ると思うのです。

自らの幸せ票を増やすこと

不幸な自分、悲しい自分、つらい自分を嘆いたり、そんな自分を叱咤する必要は全くないと思います。なぜなら、そんな自分を感じている自分は、もう違う自分であるからなのです。

五分前の空を思い出し、それを美しいとか醜いとか評価するのではなく、今の空の美しいところを見るように、今の自分にある幸せをたくさん見つけ、その票を自分の心の中に増やしてゆくことで、不幸な状況の中でも、幸せな自分を作り出すことが出来ると思います。

生・死、幸・不幸、喜・悲、善・悪、これらは単独で存在しているのではないのです。共存しているのです。そして共存しているこれらの概念の、どちらを強く自分の中に引き込めるかということは、自分の見方次第なのだと思います。

人工的に作られた道路で全く生を感じなくても、よくよく見ればそんな道路にも小さな虫がいたり、少しの隙間から草の芽が出ていることに気が付くように、自分の心、自分の求める心、探そうとする心によって、自分の今、自分の目の前に広がる現状をいかようにも変えることが出来ると強く感じるのです。

心の中の幸せの投票箱に、幸せ票を一つでも増やすことを目標に、目の前に広がる現実の世界から一つでも多く幸せを集めることで、不幸な自分を幸せな自分へと変えてゆくことが出来ると感じます。

諦めない心、探求する心、常に変わってゆく今を見つめつづけられる自分を作ることで、未来を変えてゆくことが出来ると思うのです。

注1　母……白光真宏会会長・西園寺昌美氏のこと。祈りによる世界平和運動を国内はもとより広く海外に展開中。ワールド ピース プレヤー ソサエティ代表、五井平和財団会長も兼務している。

時間の使い方

一日、八六四、〇〇〇円

もし毎日必ず八六四、〇〇〇円もらえるとしたら……。ただし、その毎日必ず入ってくるお金を貯金することは出来ないし、その日余ったお金を次の日に持ち越すことも出来ないとしたらどうしますか？　貯金できなくて、しかも余ったお金を持ち越せないのなら、その日に使えるだけのお金を使うに決まっている、と多くの人は答えると思います。実は、この値段とは、一秒を一〇円とした時の一日の値段なのです。一秒を一〇円とすると一分は六〇〇円、一時間は三六、〇〇〇円となり、二十四時間（一日）は八六四、〇〇〇円となるのです。

時間は財産だということを、身をもって感じられたかと思います。しかもそれは、貯金も出来なければ持ち越しも出来ない財産なのです。神様は私たち人間に平等に一日二十四時間の時間を与えてくださっています。そしてそれはお金に換算すると八六四、〇〇〇円になるわけです。つまり神様は、毎日私たちに惜しみなく八六四、〇〇〇円ものお金を平等に与えてくださっているのです。そして神様は寛大にも「このお金を好きなように使いなさい。貴方の使い方には一切の口出しもしません」と私たちを見守ってくださっているのです。私たちは自分に与えられた時間を好きなように使えるのです。人を喜ばすためにも、人を傷つけるためにも、自分を向上させるためにも、自分を堕落させるためにも……。この時間の使い道は本当に自由なのです。毎日必ず入ってくる八六四、〇〇〇円という大金をどのように使うかはその人次第だと思うのです。

一瞬一瞬を無駄にしない

毎日頂く八六四、〇〇〇円をその日の終わりまでにいくら使いきれたか……。つまり次の日に持ち越せないということは、その余ったお金を捨てることと同じだと思います。今までの人生を通じていくらお金を無駄に使ったか、いくらお金を捨ててきてしまったか……。そのようなことを考えていると自分が無駄にしてきた時間に気が付き、恐ろしくなってきます。神様は時間を世界のため、世界の人々のため、そして自分自身の向上のために使うよう、人々に平等に与えてくださっているのだと思います。しかし果たして自分はその時間を有意義に使ってきたのだろうか。自分がせっかく頂いた時間をどれだけ無駄に、どれだけ粗末に扱ってきたのかということを考えると本当に恐ろしいです。

自分の人生を振り返り、このようなことを考えていくうちに、私の中で時間に対する思いが変化していくことに気が付きました。時間の尊さ、時間の大切さがいたいほど判ってきたと同時に、今を生きることの大切さを強く感じました。

今までは、まるでサーファーが波の上に上手に乗って滑るように、私も何となく時間の流れの上に乗って滑ってきたような気がします。でもこれではいけないということに気づいたのです。与えられた時間が過ぎていくのを傍観するのではなく、今、この時間に、この一瞬に自分の持つすべてのエネルギーを込めてぶつかっていかなくてはいけないということに気が付いたのです。時間が過ぎるのを傍観するのではなく、過ぎていく時間に全エネルギーを込めて全身全霊でぶつかっていき、一瞬一瞬を自分の向上のために、世界の人々のために使わなければいけないと思ったのです。

今という時間を生かすために

それからというもの、今という瞬間、今という状況の中で自分が学ぶべきこと、得られることは何なんだろうと常に考えて生活するようになりました。今というこの瞬間の状況は過去の自分が導き出した結果であり、今、この瞬間に起きている一つ一つの出来事は過去の自分の想いが創造した世界なのです。したがって今目の前に現われている世界、つまり過去の自分が創造した世界は今の私に何を伝えたいのだろう、何を学べと言っているのだろうということを意識的に考えてみようと思ったのです。このような気持ちで毎日を過ごすことで、自分の今置かれている状況は単なる偶然の結果として現われた現象ではなく、必ず何らかの意味があると感じるようになりました。そして今この貴重な一瞬を使い、何を学び、何をするべきかということを真剣に考えながら今を見つめてゆくことで、自分の今という時間が生きはじめると感じました。

意識して時間を感じ、今を見つめてゆくことで、今まで何も考えずに時間の流れに身をまかせ、生きていた自分から、今という瞬間から何かを学びとろうという自分へと変わっていったのでした。せっかく八六四、〇〇〇円もの大金を受け取ったにもかかわらず必要な分だけを毎日使い、残ったお金は捨てていた自分から、お金の使い道を考え、その日の夜に残すお金をなるべく少なくしようと努力しはじめる自分へと変化していったのです。自分の六感をどんな状況でも敏感に研ぎ澄まし、一日二十四時間しかない状況から一つでも多くのことを吸収しなくてはいけないと強く思うようになったのです。神様から頂ける八六四、〇〇〇円をどれだけ有意義に利用しどれだけ自分のものとして自分の中に残せることが出来たかで、その人の人生の質というものが決められるのだと思います。

私は毎日必ず入ってくる八六四、〇〇〇円をその日のうちにすべて使いきるつもりで自分の一瞬一瞬を大切に使い、質の高い人生を歩んでゆきたいと思うのです。

第2章

〝自分の輝き〟発見の手立て

真理は意識して探すもの

太陽の光は平等

太陽の光を浴びるとなぜか、心の奥から癒されます。元気になり、新しい一日が始まることへの感謝と幸福の気持ちで心の中がいっぱいになります。

体いっぱいに太陽の光を浴び、太陽に感謝していると、いつも頭に母や犬のことが浮かんできます。私の母も犬も太陽が大好きなのです。

母と犬のドゥビィは常に家の中で太陽が一番よくあたるベスト・スポットを取り合っていました。母は、太陽が一番よく当たる特等席をたまに犬に取られ、仕方なくその隣で仕事をしていることがあります。しかし母は犬を追い出すことをせず、人間も動物も太陽が大好きなのねと、太陽の光を体いっぱいに浴びて幸せそうに寝ている犬を見ながら笑顔で話してくれます。

そんな母と犬の様子を見て思ったことは、太陽は私たちを差別することなく全人類に平等に光を供給してくれているということです。しかし自分がその光に興味を持たなければそれは自分にとって何の価値も持たないのです。職場で、今日はお天気だったから、太陽の光が気持ちよかったですよね、と話しても、そうだったかな……、そんなに晴れていたっけ……という応えが返ってくることがあります。興味のない人にとっては太陽の光はさほど価値のあるものでなく、取り合うものでもないのです。

人生を常に意識して生きながら、自分の中に輝く光を見つけようと努力することの大切さはここにあると感じました。心の奥の真の自分が欲することを無視せず、常に探求しつづけることにより初めて自らの本心を感じられ、自分の内に輝く光を感じられ、その存在の価値の重さ、大切さに気が付けるのだと思うのです。

暖かい太陽の無限なる光を体いっぱいに浴びたいと感じるからこそ太陽を遮っているカーテンを開けたいと思うし、一番多く太陽の光を浴びられる場所を探すのです。

自分の心も同じです。自分の心が本当の自分、自分の内の光を見つけたいと探求するからこそ、自分の毎日の経験を通して自分の本心、真理に出会えるのだと思います。太陽の光も真理も人間には平等に与えられています。しかしそれを自分で獲得しようと努力しない限り、それは自分のものとして、自分のもとに降りてはこないのだと思います。少しでも多くの光、真理を獲得しようと意識し、常に周りの変化や状況に気を配ることにより、自分の中の真理、叡智に気づき、また光の一筋が降りてくる、見えてくるのではないでしょうか?

真理とは特別な人、ある一握りの人にしか分からないこと、見つけられないことではありません。私たちはみな自らの内にそれを持っているし、それを見つけられる叡智と能力とパワーを持ってこの世に生まれてきたのです。したがって、その光を見つけられるか見つけられないかは、今の瞬間を意識して生きているかどうかにかかっているのです。

自らの中にある、すべての人が持って生まれた真理の光は私たちに早く気づいてもらいたくてうずうずしていると思うのです。

したがって意識的に日常生活を送り、日常生活のちょっとした真理の呼びかけを見逃すことなく、自らの内に存在する温かくて輝かしい光をどんどん探求してゆくことが大切だと思うのです。

「あみだくじ」に思う
―人生に新たな線を付け加える―

皆様は「あみだくじ」をご存じですか？　あみだくじは何本かの垂直な縦線と、何本かの横線からつくられています。このゲームに参加する人はそれぞれ任意の縦線を選び、全員選び終わったところであみだくじが始まります。自分が選んだ縦線の一番上からスタートし、横線にぶつかったら横線のほうに進み、また縦線にぶつかったらその縦線を下方に進むという手順で一番下まで進んでゆくというものです。

何かを決める際、簡単で素早くそして公平に決まるので、小学生の頃はよくあみだくじで物事の選択肢を決めていました。しかし大人になるにつれ、だんだんあみだくじをする機会が少なくなり、つい最近まであみだくじの存在を忘れていましたが、つい最近、またあみだくじを行なう機会があり、その存在を改めて思い出したのでした。

あみだくじのおもしろさは、たった一本新しい横線を加えたただけで、全く違う結果が導き出されることにあると思います。

自分がどこに一本の線を加えたかにより、導き出される結果が変わってくるのです。線を加えなければ、何度行なっても同じ結果が導き出されるのですが、線を加えると同じ結果にはたどり着かないのです。

もしこの一本の縦線が自分の人生だと致します。日々同じような毎日、何の新しい発見もないような変わりばえのない毎日を過ごしているように見えても、たった一つ何か新しい発見、気づきをそこから見つけ出し、それ（あみだくじにたとえますと横線）をその一日に付け加えるだけで、全く違った結果、違った人生が切り開かれてゆくのです。

すべての瞬間は新しい自分に出会うための、新しい未来を切り開くための道だと思います。日々同じような毎日を過ごしているように思いますが、しかし自分の周りで起きている出来事や言動の一つ一つは、新しい自分を発見するきっかけにつながるのです。

自分の周りや自分自身をよく観察すると、そこには何か新しい発見が必ずあると思います。どんな些細なことでもよいので、自らの目標を実現するための一本の横線を、一日一本でよいので自らの人生のあみだくじに新たな線を足してゆくことが新しい未来を開くためには大切なのだと思います。一本一本新しい線が自分の人生に継ぎ足されてゆくことで新しい結果に出会えるはずなのです。

私は常日頃、一本でよいので新しい線を足すことを目標にして、新しい自分を探し、現わしつづけています。

何の変哲もない日常生活に一本の線を足してあげるだけで自らの手で自らの人生を変えられるし、自らの目標に少しずつ近づけるということを、昔よく遊んだあみだくじを見ながら実感しました。

一日一本でよいのです。一本の線により導かれた

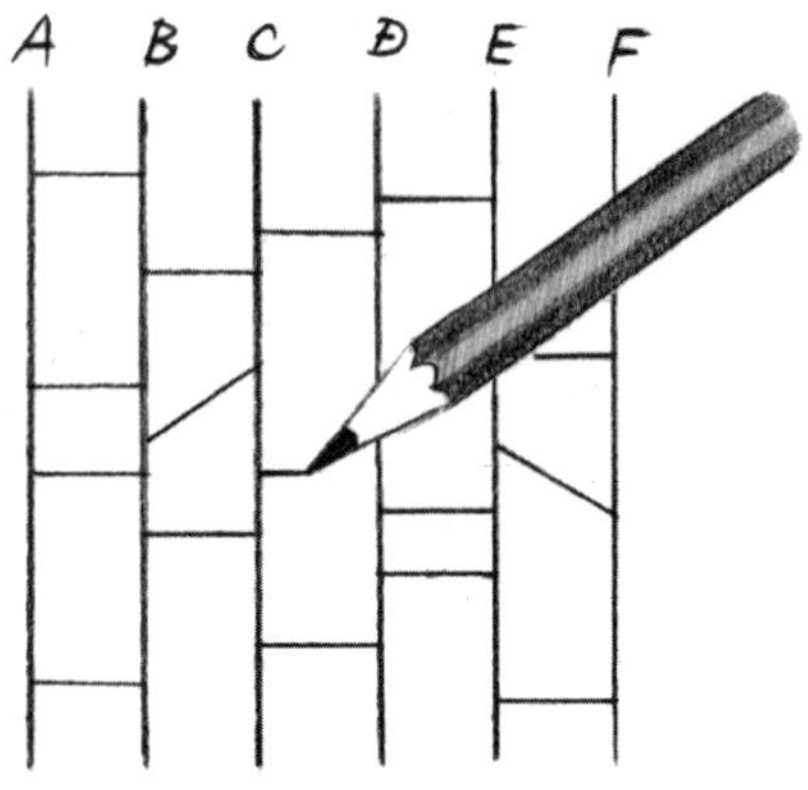

新たな結果、発見の繰り返しが自分を成長させるのだと思います。

線を加えさえすれば新しい結果に結びつくのです。よい場所によい線を加えていくことで自らの力で自分を向上させてゆくことが出来ると思うのです。

バランスポイント

富士山に想う

富士山は、ほぼ左右対称です。山は噴火した時の風や大気の状態などにより、その形が出来上がるため、富士山のような左右対称でバランスの取れた山というのは大変めずらしいのだということを、以前ある方から伺いました。

この話を聞いた時、私は東洋医学で学んだ陰と陽のバランスについて思い出しました。なぜなら富士山は外観的に左右対称でバランスの取れている山ですが、山の内面の陰陽バランスも完璧に調和しているからです。

富士山の地下には熱いマグマが存在し、熱を発していますが、富士山の山頂は常に気温が低く、冬には白い冷たい雪が存在します。

中医学でいう「火」という陽のエネルギーと「水」という陰のエネルギーがバランスよく保たれている状態が、今の富士山だと思うのです。

このバランスが崩れ、例えば陽のエネルギーが強くなり過ぎると山は噴火するし、陰のエネルギーが増え過ぎるとなだれや土砂崩れなどの自然災害が起こるのだと思います。

したがって、バランスがどちらに偏っても、美しい山を存続させることは出来ないのです。富士山は外観的にも、内面の陰陽バランス上も、完璧にバランスの取れた山であり、その存在そのものが見事に調和の状態を顕しつづけているから、富士山を見た多くの人はその美しさに心を惹きつけられ、魅了されつづけるのだと思います。

調和とバランス

調和とは、突き詰めてゆけば限りなくバランスの取れた状態ということになります。自然と人間、動物と人間、人間と人間が調和して生きるということは、お互いがお互いの居心地の良い点（中点）を探り、見つけ合い、そこで良い状況を維持することだと思います。どちらかが強すぎても、弱すぎてもバランスは崩され、調和状態が保たれなくなります。

したがって、自分が今、果たしてバランスの取れている状況にいるかということを見つめることが大切だと感じます。なぜならアンバランスにより作られた一時的な調和状態は、いずれ必ず崩れてしまうからです。

自分に素直に、正直になり、常にバランスの取れた状態へと自分を調整しつづけることが、自分を真の調和に導く一番の近道だと思います。

不安定な状況は調和へのプロセス

　しかし、自分のアンバランスな状態をバランスの取れた状態にしようと、新しい働きかけを起こすと、新しいバランスポイント（中点）に到達するまでは、一時的にぐらついたり、不安定な状態になるのです。新しいバランスポイントに到達するためには一時的に不安定な時期を通過しなくてはいけないのです。

　多くの人はこの不安定な状態を見て、調和を求めて新しい動きを起こしたのに、不安定な状態になったと動揺してしまいます。しかしどんなことであれ、新しい動きを起こすと必ず、調和した状態に落ちつくまでは一時的に不安定になるということに気づいてください。

　例えば、大きな丸いボールに乗っかるとします。乗っかってバランスが取れるまではゆらゆら動くし、不安定な状態が続きます。しかし、一旦バランスポイントを見つけることが出来、そこで自分を維持できるようになると、その不安定な状態は一転して安定した状態へと導かれます。しかし安定したあとまた新たな姿勢をそこでとろうとすると、その姿勢での中点を見つけるまでにまた一時的に不安定な状態を通らなくてはいけなくなります。

人生のバランスポイントもこれと同じだと思います。今いるバランスポイントから新たな、真にバランスの取れた、調和したバランスポイントへと自分を移動させる過程では、不安定な状態が一時的に起きています。

しかし、これは新たな調和へと自分を導いてくれる過程なのです。この不安定な状態は安定した状態に自らを到達させるための通過点にすぎないのです。だからこそ、無理した状態で保たれている、いつ壊れるか分からない、偽の調和をつくりつづけるのではなく真

の調和へと自らを変えてゆくことを恐れず、行動に移してみることが大切なんだと思います。

一歩前に進んだ時に、一時的にぐらつき、「自分の出した一歩は間違えたかな……。一歩前になんか出なければ良かった」と思うことがあるかもしれません。

しかし、バランスポイントを変えようと働きかけた時にぐらつくのは当然のことなので、その一時的な現象に捉われることをせず、新たな平衡点を見出し、さらに真の調和に近づくために、諦めず、怖がらず、どんどん新しいバランスポイントを探すよう、動きを起こしてゆかなくてはいけないと思います。

私たち一人ひとりが真のバランスポイントを見つけ、世界の人々が皆、自分の中に真の調和を作り出した時に、世界のバランスも完璧に整い、真の世界平和、真に調和した世界をこの世に顕すことが出来るのだと思います。

富士山も、今のように美しいバランスの取れた姿を表わすまでには、何度も噴火を繰り返してきました。

いろいろな状況を乗り越え、どんな状況の中にあっても諦めずに動きつづけた結果、美しい調和した山が出来上がったということに気が付き、富士山に対する畏敬の念がさらに強まったのでした。

自分にあった道を探す

見つけようと意識しさえすれば

　人間がこの世界に誕生した理由はどの人も同じです。それは自分の存在を通し幸せを分かち合うことです。また自分の人生を通し愛を分かち合うことです。そして自分が接する人たちとのかかわりを通し、他を赦《ゆる》し、他を認め、他を受け入れることを学ぶことです。どんな人も同じ目的を持ってこの世に誕生してきています。しかしその目標に達するまでの道にはいろいろな道があるのです。でも、自分にあった道は必ず存在するのです。人生のゴールにたどり着くための自分だけの道は、自分が見つけようと意識しさえすれば必ず見つけることが出来るのです。

富士山の頂上を目指すことを想像してみてください。山頂を目指すという目標到達のためにはさまざまな道があります。そして選ぶ道によっては多少の困難を伴うことがあるかもしれません。しかしどの道を通っても、頂上を目指している限り必ず頂上にたどりつくことが出来ます。そして頂上を見失わない限り必ず頂上に着きます。そして頂上を目指すという目的のために歩いている道はどの道もその人にとっては正しい道だし、どの道もその人を頂上に導く尊い道であると思うのです。

自分を頂上に導くためには二つのことが大切だと思うのです。それは頂上を見失わないことと、歩くのをやめないことです。

すべての出来事にヒントが隠されている

自分の道は人とは違います。人間の背丈格好、顔がみんな違うように、自分を人生のゴールに導く道もみんな違うのだと思うのです。自分にとって一番の道を見つけるために人間は試行錯誤を繰り返します。人生にはいろいろな出来事があり、この出来事が私たちにいろいろな気づきの材料を提供してくれます。

あることを試してみて幸せではない自分を発見したら、それはあなたの目標にたどり着く正しい道ではないよということを、その気持ちを通して教えてくれているのだと思います。つまり人生を通して繰り広げられるさまざまな人との出会い、成功や失敗……。人生に起こるさまざまな出来事はすべて神様からの贈り物であり、私たちを自分たちの人生の頂上にきちんと導いてくれるための大切なヒントなのだと思うのです。

人生に偶然はないのです。すべてのことには意味があり、それらは起こるべくして起きているのだと思うのです。このように思うと自分の日常生活に起きる出来事、出会いがすべて尊く感じられるし、これらを通して起こる心の変化や動きを無駄にすることなく、一つ一つの気づきを大切にしながら毎日を生きなくてはと思えるのです。

ある科学者が私にこんなことを教えてくれました。「真っ暗の部屋でルービックキューブをするとそれが完成するまでには一二六〇億年かかるけど、人がそばでルービックキューブを回すたびにそれが正しい動きかどうかを教えてくれたならば二分で完成できる」

つまりどんなゲームも進み方が見えていて、そのゲームの目的や遊び方を完全に理解していれば、簡単にそのゴールにたどり着けるのです。人生も同じです。自分が生まれてきた理由をきちんと理解していれば、自分の行き着くところがはっきりしていれば、何も迷うことなくそこにたどり着くことが出来ると思うのです。したがって自分が不幸な気持ちになったり道を誤ったと感じた時は、素直にこの人生の原点に戻り、自分の生まれてきた理由を再確認し、早いうちに正しい道へ軌道を修正すればよいのです。自分の本道以外の要因があまりにも多く私たちの肩にのしかかってくるから人生が難しくなるのであって、これらから自らを解放し自らの生まれてきた理由に沿って、今よりも少しでも輝ける道、幸せになれる道を選択することで、自分の力で自分を輝かせるような生き方が出来るようになるのだと思います。

虹の七色

美しき色のハーモニー

ある雨上がりの午後、私は空にかかった二本の大きな虹を見て、そのあまりの美しさに感嘆いたしました。そして自分の頭上にかかっている美しい七色のハーモニーに吸い込まれるような感じがして、これほどまでに虹に魅了されている自分が不思議になったのでした。

大空にかかっている美しい虹を眺めながら、この虹を構成する赤、オレンジ、黄、緑、青、藍、紫の七色の全く異なる色がお互いぶつかり合うこともなく、また融合することもなく、お互いがお互いの色を尊重しながら存在していることに対して興味をそそられました。虹を構成する一色一色は自分を主張しながらも、決して隣の色を否定することなく存在しています。この一色一色が堂々と自分の色を主張しつつも相手を尊重していて、その結果に出来た自然の芸術作品、それこそが虹なのであります。

赤は自分の赤という範囲内で最大限の力を発揮し、自分の赤という色を主張しています。青は青で隣の色をつぶすことなく、自分の陣地内で自分の色を美しく出しています。赤は、決して青を邪魔することはせず、また青も赤を邪魔せずに自分の色を出しています。自分の色があるからこそ相手の色を尊重することが出来、相手の色があるからこそ自分の色を主張できるのです。自分をはっきりと主張しながらも相手の色を認めている、その結果、虹という美しい色のハーモニーが出来上がるのではないかと思いました。

最後に到達するのは白

赤は決して青になろうとはせず、赤は自分の赤という色を極めているのです。青も赤にはなろうとせず、自分の色である青を極めているのです。このように自分の色を極めてゆく過程を経て、どの色も最終的には白光という光に到達するのだと思いました。

母が昔、太陽の光にプリズムをあてて虹色を地面に写し出してくれたことがあります。太陽の光、すなわち白光はプリズムという媒介を通すと七つの色に分かれます。つまり、それぞれの色の根源は白光であると言えます。どんな色も最後に到達するところは無色透明の白光なのです。どんな色も自分の色を極めてゆけば行き着くところは同じ白光なのです。そして人間である私たちにおいても、これと同じプロセスを人生という過程を通して行なっていることに気が付きました。

人間一人ひとりにもさまざまな個性、色があります。それぞれ皆、性格も、生き方も、思想も、外見も違います。しかし、人間の一人一人が真に求めているもの、到達しようとしているところは一つです。それは、自分の内にある光り輝く存在、神の存在を認め、自分の内なる光、神と融合することなのだと思いました。世の中にはスポーツの道を極める人、勉学の道を極める人、宗教の道を極める人等、さまざまな人生の道を歩んでいる人がいますが、人類の一人ひとりが最後に到達するべきところは一ヵ所であるということをプリズムによってつくり出された七色の色を見て感じたのでした。

他の色と闘争している人間

しかし、七色の色で構成される虹とさまざまな個性を持つ人間には大きな違いが存在しています。それは違う色と調和しているかどうかということです。宗教の世界を一つ例に挙げてみても、宗教を通して真理を極めてゆく過程の中にはさまざまな道があると思います。虹にさまざまな色があるように宗教にもさまざまな色があってよいはずです。大切なことは、自分に合った色に属した後、その色を自分で一生懸命に磨き、最後にはすべての色の到達点である白光になるということです。

しかし、今の世界を見ていると、人類一人ひとりが白に向かって歩んでいるようには見えてこないのです。一人一人がそれぞれを極め、白になろうと努力しているのではなく、人々は自分の色、自分と同じ色の人を増やそうと日々闘争している気がします。他の色を尊重するのではなく、他の色を消して自分の色を増やそうとしています。他の色は間違っていて自分の色が正しいということを示そうと闘っています。これではいつまでたっても白い光には到達できないと思います。世界にはいろいろな色があり、どんな色も大切でどんな色も最後は同じ目標に向かっているのだということを早く認め、世界の人々が自分の内にある光の存在、神の存在を認め、それぞれが自らの色を極めるということに目を向けてほしいと思い、願ったのでした。

最終的には無色の光に

人間は自らの色を極め、白光になるという自らの目標に向かって歩いています。そしてこの自分を磨くという過程を通して自我という自分の色を捨てていくのだと思いました。自分の色を主張しながら相手の色を尊重し、自分とは違う色の存在を受け入れることが出来るようになった時、自分の色はだんだんと薄くなっていき、美しい無色の白光になるのだと感じました。自分の色を極めていくというと、赤なら赤の色をどんどん濃くして、より赤という色をはっきりした目立つ色にしていくように思いがちです。でも自分の色を極めていくということはこのように自分の色を濃くしていくことではないということを、自然は教えてくれています。

自分の色をどんどん好きになり、大切に思えるようになり、そしてそれと同じくらい相手の色も好きになり、大切に思えるようになった時、初めてそれぞれの色は自らの色を薄め、白光という美しい色へと到達するのだということに気が付いたのでした。

虹が教えてくれた真理

私自身、虹を見て感動した時期は、相手の色を自分の色に染めようと、自分の色を主張することに一生懸命になっていた時期でした。自分は正しく相手は間違っている、だから相手の間違いを指摘して自分の色を通そうとしていた時期でした。だからこそ、すべての色が調和した自然の世界に心を打たれたのだろうと思います。虹を構成している色は一つ一つ別の色です。全く違う色です。しかし一つの美しい虹には対立や戦いはなく、虹の中に存在しているのは調和のみでした。その美しい調和した世界に私は心を打たれ、自分の心の狭さに気が付けたのでした。

物事にはたくさんの道があり、一人ひとりが自分の道の頂点である白光、すなわち心の中にある光、神と一つになる、という目標に向かって歩んでいる限り、誤まった歩き方、誤まった進み方などは存在せず、そこに存在するものは調和の世界、同じ目的に向かう同志の存在しかないことに気が付きました。このことに気が付いた時、私は少し心の広い人間へと成長できたのだと思いました。

違いを認め合える喜び

私には二人の妹がいます。私たち三人は個性、考え方、意見がそれぞれ違いますが、お互いを尊重し合い、お互いの存在に感謝しながら仲良く生きています。でも、このようにお互いがお互いを尊重できるようになれたのは、両親のお陰だとつくづく思うのです。私たちの両親は、私たち三人の子供を一《ひと》くくりにして見たことは、今まで一度としてありません。私たち一人ひとりの個性を捉え、一人ずつと向かい合いながら育ててくれたのです。

三人を一《ひと》まとめにして育てられていたら、おそらく私たちは、今のようにお互いの個性や性格の違いを認め合うようにはなっていなかったのではないか、と思います。

両親が私たち一人ひとりの違いを認め、理解し、一人ひとりの存在を尊重し、育て上げてくれたお陰で、私たち姉妹もお互いの違いを認め合い、尊重し合いながら、むしろ、その違いをぶつけ合うことで、お互いのよい面を理解し、吸収し、成長しつづけることが出来ているのだと思います。

お互いの違いを削り取り、お互いの共通点のみを見つけ、共通点のみで共感し合うのではなく、お互いの違いを自分の中に取り入れることで、より大きな自分たちへと変化した上で、共感し合っている気がします。

現在、あらゆる国、民族、宗教、人種はお互いの違いを認め合うのではなく、どれだけ相手の違う所を削り取り、自分に近づけさせることが出来るかということで争い、憎しみ合い、いがみ合っています。

しかし、削り合いではなく、認め合い、尊重し合うことが出来たら、そこには争いではなく調和が生まれてくるのだと思うのです。

認め合うことの楽しさ、喜びを、まずは自分の周りの人との間で体験することで、そうした関係を築き上げることの大切さを理解できるのだと思います。自分の違いを相手に理解してもらえ、相手の違いを受け入れられる大切さ、そして、それにより真の調和が生まれてくることを、私は妹たちとの語らいの中で体験することが出来たこと、そしてこのような気持ちを持てるように私たちを育て上げてくれた両親に対して心から感謝しているのです。

体験がすべてを教えてくれます。したがって、今日から他との違いを受け入れ他との違いを認める生活を始めてみてください。それにより自分とその人の間に真の調和が生まれてくるとともに一回りも二回りも大きな自分をつくりあげられると思うのです。

第3章

波動と祈り

優しさと心のゆとり

優しさを感じとれる心

私は友達に「真妃ちゃんって優しいね」と言われることがありますが、優しいね、と言われたことに対して自分が何と答えたらよいのか判らなくなり、とまどってしまうことがあります。なぜなら私は人から優しいと思われるためにいろいろなことを言ったり行なっているわけではないからです。したがって、優しいと言ってもらえても照れくさいだけで、その言葉に対して正直何と返したらよいかわからないというのが私の本心です。

そんな中で私がふと思ったことは、私のことを「優しい」と思えるその友達の心が、ゆとりのある美しい心なのではないかということです。もし、その友達の心にゆとりがなかったら、私がいくら優しく気遣ったとしても、その行為を優しさとはとらなかったと思います。

例えば、坂道をたくさんの荷物を持って歩いている人がいたとします。その人がとても苦しそうなので、何か役に立てたらいいなと思い「お手伝いしましょうか」と声をかけてみるとします。

もし、その人の心の中にゆとりがなかったら、いくら私が手を差しのべても、それを優しさとはとらず、「私の高価な荷物が欲しいから取って逃げる気なんだわ」と感じとるかもしれません。意地悪い想念で心が埋まっていたならば、いくら優しいことをされても、それを優しさとは感じとれないでしょう。

つまり、自分自身の気持ち、自分自身が現在置かれている立場、状況により、物事に対する解釈が変わってくる、ということです。

よく「あの人さえもっと良くなってくれれば、私はこんな嫌な思いをしなくても済むのに」と思ってしまいます。しかし結局は自分の責任なのです。その人のする行為を、嫌な行為に見てしまうのは、自らの心がとげとげしいからなのです。自分の心がとげだらけだから良いことをされてもそれを嫌なものとして受け取ってしまうのです。

つまり、自らが変わらなくてはいけないのです。優しさを優しいと感じられる心を自分でつくらない限り、嫌な想いから抜け出せないのではと思うのです。

優しさとは愛

私が常に思っていることは、優しさは決して押しつけてはいけない、ということです。ボールを欲しがっている子にボールをあげると喜びますが、これから買い物に行こうとしている人にボールをあげても、たとえ、それがどんなに美しいボールだとしても、その人にとっては負担であり、喜ぶどころか困ってしまうでしょう。押しつけの優しさは、相手を幸せにはしないと思います。

優しさとは、あくまでもその行為を受けた相手が感じる気持ちです。だから、相手の心の中に融け込んでゆき、相手の心と一つになることが大切だと思うのです。

相手の心と一つになると、その途端に相手の望んでいること、必要としている事柄が自分のことのように理解できるのです。相手を理解できれば、あとは簡単です。その人が望んでいるように行動してあげたり、必要としている言葉をかけてあげればよいのです。そのような行為こそ、優しさという波動となって相手の心の中に入っていって、相手の心に愛を与えることになるのだと思います。

優しさとは愛です。自分の中の無限なる愛の心が優しさという表現となり、相手に伝わるのです。自分がどんな状態に置かれていても、それとは全く関係なく、相手の心と一つになれる、相手を思いやれる愛の心こそ、優しさなのだと思います。

深呼吸の効果

　自分の心の周りを常に暖かい光で満たしておけば、周りからどんなとげとげしい波動が来てもそれを溶かすことが出来るのだと思います。相手がたとえ意地悪いことをしてきたとしても、そのとげとげしい波動を自らの暖かい心で溶かし、自らの心がそのとげによって傷つくのを防ぐことが出来、自分の力で自分の心を守れるのです。

　相手がとげとげしい波動を送ってきても、それを受けた自分がそれに影響されず毅然と存在していれば、相手はそんなあなたを見て、むしろ醜い自分が恥かしくなることでしょう。

　普通、怒りの想念をぶつけられると、その波動に影響されて、同じような怒りの想念を相手に返してしまいます。それは、相手のとげとげしい波動に自らの心が巻き込まれてしまうからです。そうすると、相手の波動と自分の波動が合体し、お互いでさらに大きなとげとげしい波動をつくりあげてしまうのです。でも、自らの光で相手のとげとげしい波動を溶かしてあげれば、怒りの波動が合体して大きな波動の渦となることもなく、自分が傷つくことも相手が傷つくこともなくなります。

では、どうしたら、相手の波動に呑《の》まれないようになるのでしょうか。

私はある時、相手のとげとげしい波動の影響を受けて大きなとげとげしい波動をつくってしまったことがありました。相手の波動と合体してしまわない方法はないかと思い、母に聞いてみたところ、

「深呼吸すればいいのよ。怒りの状態では呼吸が浅くなっているから、フーッと息を吐くことで、相手を受け入れるゆとりを持つことが出来ますよ」

と教えてくれました。

私はさっそく試してみました。試していただけたらわかっていただけると思うのですが、怒りの波に巻き込まれそうな時、深く呼吸するだけですごく穏やかな自分を取り戻すことが出来るのです。自分でも驚きましたが、相手の波に巻き込まれそうになった時、一回、深呼吸するだけで、その波と合体せずに、その波を飛び越えられるということを私は母か

ら教えてもらいました。

そんな状況の中にあっても常に平静で愛の光で輝いている心の状態こそが相手を優しいと受けとれる、ゆとりのある美しい心の状態なのです。四方からとんでくるとげとげしい波動をうまいぐあいにすり抜け、相手の優しさを優しいと感じられる心を持ちつづけられたら素敵だと思います。

水の結晶

「言う」という字の成り立ち

中医学の先生が、授業で「言葉が波動であるということは、言うという字に現われています」と教えてくださいました。「言う」という字を横に書くと（言）となります。これは口からエネルギー、波動が出ている様子を昔の人が感じ取りその状態を「言う」という字にしたものだそうです。

このお話を聞いて、昔の人は言葉の持つエネルギーを感じていて、それを素直に表現して「言う」という字をつくったのだと思いました。そして「言う」という行為そのものにエネルギーが内在することを字自体が教えてくれていたことに驚いたのでした。

水が表わす言葉の影響

そんなことを考えていた時、以前読ませていただいた江本勝氏の『水からの伝言』（波動教育社刊）という本を思い出し、その本を読み直しました。

江本氏は「音楽や言葉が水に与える影響を表現する方法として水の結晶写真が有効だ」と考えられました。そして、水にさまざまな音楽を聞かせたり、言葉を見せたりすることが水自体にどのような影響をもたらすかということを水の氷結結晶写真を通して教えてくださっています。

その中で私が一番好きな写真は愛、感謝という言葉を水に見せた結晶の写真です。美しく、調和の取れた六角形の結晶がつくり上げられていました。江本氏は、この写真を見て「当時ではこれほど美しい結晶は見たことがなく、やはり愛、感謝の気持ちに勝るものはない」とおっしゃっています。

また、日本各地の五百人のインストラクターから同時刻に品川の江本氏のオフィスの机の上にある水に対し愛、気の言魂《ことだま》を送ってもらい、その前後で水の結晶写真を撮って比べてみるという実験もなさっていました。その結果を比べてみると、水の結晶に明らかな変化が起きていました。結晶らしい結晶をつくっていなかった机の上の水は愛と気の言魂を送られた後、素晴らしい六角形の結晶を形作ったのです。江本氏はこの結果を見て「人間のちょっとした行為や言葉で水を美しくよい水にすることが出来るに違いない」とおっしゃっていますが、私も本当にそうだと思いました。

音楽も言葉もさまざまな波動の集大成であり、その波動により水はさまざまに影響を受け、さまざまな結晶へと変化していたのです。良いエネルギーで水を取り囲むと美しい結晶をつくってくれますが、「汚い」など人を傷つけるような波動を水に与えると、水は醜い結晶へと変化していくのです。

肉体に及ぼす言葉の力

私たちの肉体の構成要素である水（H_2O）は、体重の約七〇%を占めます。つまり人間はほとんど水から出来ているのです。波動により水の結晶の形が変化してしまうならば、体の中にある水も波動により変わっていくのだろうと思いました。

人間の口から出される言葉が愛の言葉、感謝の言葉、真理の言葉ならば、その波動も愛、感謝、真理そのものの波動となり、自らに伝わる波動も、そして話し相手に伝わっていく波動も、愛、感謝、真理そのものの波動なのだと思います。水の結晶が波動により変化するならば、愛、感謝、真理の波動を受けた水は美しく神々しく光り輝いた結晶になることでしょう。

しかし、人を傷つけるような汚らわしい言葉を口にした場合、その波動は相手の体内の水の結晶の形を崩し、悪影響を及ぼす以上に、まずその波動を一番近くで一番強く浴びた自分の体内の水の結晶を崩してゆくことでしょう。相手に与えた言葉は必ず自分のところに戻ってくる、相手にしたことは必ず自分に返ってくるというのが真理ですが、この水の結晶の写真を見て本当にそうだと思いました。

結晶の崩れた調和されていない水で成り立つ肉体に宿る精神は調和したものになるはずがありません。反対に良い言葉を常に語り、良い波動を常に発していれば、話し相手の水の結晶を美しくしてあげられるとともに、その波動を一番そばで受ける自分の水の結晶も輝いてゆくことでしょう。自らの発する言葉、想いの波動は自ら気が付かないうちに自らの肉体、精神に届き、私たちの体内の水の結晶に影響を及ぼしているのだと思いました。

つまり、健康な肉体、健康な精神は自分の責任において自分が作ってゆくものだと思います。

自らの周りを常に愛、感謝、真理の言葉、波動で満たしていれば、自らの肉体、精神はもちろんのこと、周りの人々の肉体と精神にもよい影響を与えつづけることが出来るということを感じたのでした。

海が教えてくれたこと

波の浄化作用

　ある日、私は砂浜に座りながら、目をつむり、波の音のみに耳を傾けてみました。改めて波の音に集中して耳を澄ますと、波の音は一定ではなく、波の一つ一つの音、リズムはすべて違っていることに気が付きました。

　海は波の音を通して何か私に訴えかけているような気がしてきて、海というものは波の音を媒介として常にこのように私たちと交流していたんだということに気が付いたのでした。では果たして海は今、私に何を伝えようとしているのだろうと考えながら、しばらく耳を澄ませ波の音を聞きつづけていると、ふと私の中医学の先生の言葉が思い出されました。それは「海は自分の波という波動を通して自分の体（海）を一生懸命浄化しているのですよ」ということでした。海の奏でる波の音は、私にこのことを思い出させてくれたのです。

私は次の瞬間はっとし、目を開けてみました。すると砂浜にはたくさんの貝殻や木の枝、ゴミなどが落ちていました。その光景を見た私は、海はこの大きな波という波動を通して海の中に排泄されたゴミを一生懸命浜まで運びつづけ、自分の体の一部である海中の生態系を守りつづけているのだということに気が付きました。

それと同時に、私たち人間の行なう祈りが奏でる波動も、海の波と同じように否定的想念といった人類が作り出してしまった不要物を浄化し、人類を守りつづけているということに気がつきました。

祈りによる波動は、海の波とは違って目に見えたり音で聞こえたりするものではありません。しかし私は祈りの波動が人類に与えている影響、役割を、海の波と浜辺に寄せられたさまざまなゴミを見ながら実感することが出来たのでした。

　このようなことを考えながら波を見ていると、浜辺に寄せられる大波の迫力、偉大さに感嘆するとともに、たまにやってくる小さな波をいとおしく感じるのでした。

　多くの人々が一丸となり祈る波動は、海のうねりのような大波となって大量の業想念や否定的想念を一気に浄化させ、また、日常生活の中での祈りは、とどまることのない海の波、リズムのように、人類に素晴らしい光明の波動を発信しつづけているのだなと思いました。

　そしてこのことを海の波が私に伝えてくれたということに気が付き、無限なる感謝の気持ちで胸がいっぱいになったのでした。

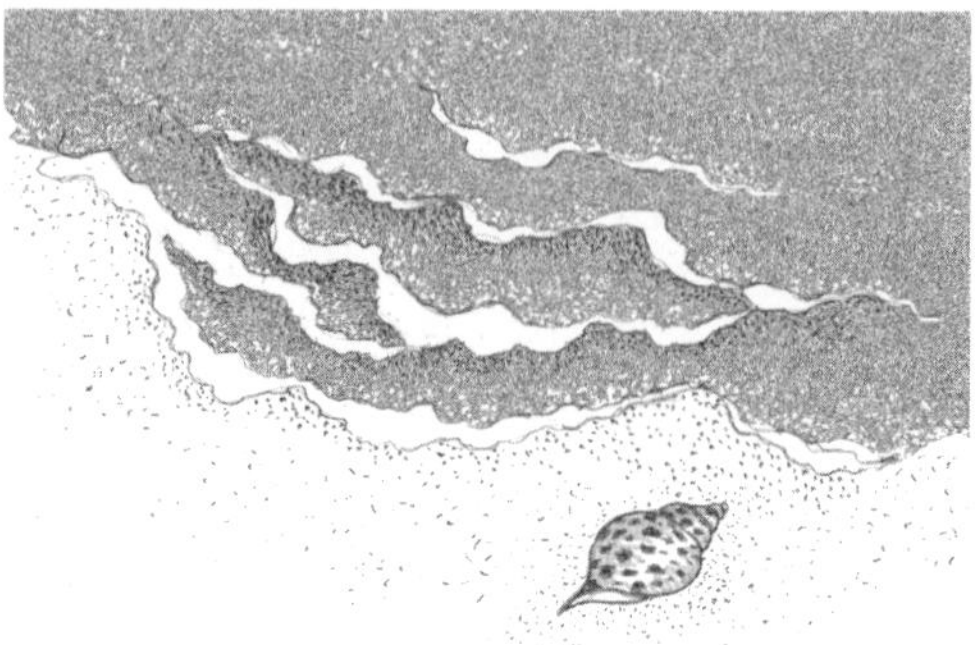

祈りについて

産みの苦しみを乗り越えて

先日、ある経済学者が現代の世界について、次のようなことを述べていました。「世界を見回すと自然災害、戦争、病気が多く、それらを見ていると未来に対する希望が全くない気がしてきます。しかしこのようなひどい状況に人類がいるということは、ある意味人類が変われるチャンスだと思うのです。この今の人類の状況は、人間にたとえるとお産に似ています。お産の状況を思い浮かべていただきたいのですが、お産が近づくと陣痛がだんだん強くなり、陣痛の間隔がだんだんと短くなり、そしてお母さんにとっても子どもにとってもお産の過程の中で最も苦しくて大変な時期がやってきます。しかしこの大変な時期、一番苦しい時期を過ぎた次の瞬間に新しい命が誕生するのです。つまり人類が立たされている一番大変な時期である今はある意味、新しい命、新しい人類が生まれる前の段階でここをうまく耐え抜くことでこの世界に新しい未来、新しい文明を生み出すことが出来ると思います」

この話を聞いた時、まさしくそうだなと感じたのでした。人類は今、いろいろな面から危機に面しています。しかし、このような危機にいるからこそ、それを乗り越えようという力がさまざまな方向から結集されてくるのだと思うのです。人類にとって次の一歩であるお産の瞬間がとても大切になってくると思います。お産によりどのような命がこの人類に誕生するかで人類の未来が全く変わってきてしまうからです。そして未来の人類をどのような人類にするかは私たち一人ひとりの手にかかっているのだと思います。私たち一人ひとりの意識、選択、行動の一つ一つが大きく影響するのだと思います。人類の新たな始まりの一歩前の段階にいる私たちには大変な責任があります。なぜならこの後に続く人類を明るい方向に引っ張っていくか、または今より暗い暗黒の未来へと落としていくかを決定する権利が私たちに与えられているからです。では私たちに一体何が出来るのでしょうか？　人類を明るい方向に導くためにどんなことが出来るのでしょうか？

祈りは間違った思いを消すためのもの

哲学者であり、未来科学者である[注2]アーヴィン・ラズロ氏が「世界を変えるためには会議ばかり開いているのではなく、一人ひとりが世界を変えようという意識のもと行動に移しはじめなくてはいけない。ではその一人ひとりがするべき行動とは何だと聞かれたら、それは祈りであると私は答える」とおっしゃっていました。

人類の未来にかかる大事な選択を人任せにする生き方から卒業する時代が来たのだと思います。政治家に政治を任せ、弁護士に法律を任せ、警察に社会秩序を保つことを任せるといった人任せな生き方から一人ひとりが卒業する時期が来たのだと思うのです。これからは人間一人ひとりが自らの人生に責任を持ち、人間一人ひとりが人類の未来に責任を持ち、意識し、行動する時代が来たのだと思います。この時大切になってくるのがこの祈るという行為です。祈りとはエネルギーです。未来を動かす原動力です。この祈りの力を一人ひとりが信じて祈るという行為を日常生活の中で実行させていくことが世界をよい方向に動かしていくうえで大切になってくると思います。

多くの人は祈るというと、合格祈願、家内安全、縁結びといった願望成就の祈りを思い出します。しかし本来祈りとは願望成就のために存在するものではないのです。祈りとは一人ひとりの心の中にある争いの心、憎しみの心を赦《ゆる》しの心に変容するためにあるのです。自らの心を静かに見据え、自らの心の中からこのような思いを消すために祈りは存在するのです。

手紙を書くことを想像してみてください。手紙を書いている最中に間違った言葉を書いてしまったら、恐らく人はその間違った言葉を消しゴムで消して新しい正しい言葉を書き直すことでしょう。では消しゴムで消すことの出来ない思いや想念はどうやって消すので

郵便はがき

料金受取人払

北山局承認

12

差出有効期間
平成20年5月
24日まで

418-0190

静岡県富士宮市

人穴八一二-一

白光真宏会出版本部

愛読者カード係

出版物等のご案内をお送りいたしますのでご記入下さい。

ご氏名《ふりがな》	年齢　才	男・女
〒 ご住所		
ご職業	ご購読の新聞名	
お買い求めの書店名	以前に愛読者カードを送られたことがありますか。 ある(　　年　　月頃)：初めて	

愛読者カード　　書名 自分の力で輝く

■ご購読ありがとうございました。今後の刊行の参考にさせていただきたいと思いますので、ご感想などをお聞かせ下さい。

下記ご希望の項目に○印をつけて下さい。送呈いたします。

1. 月刊誌「白光」　2. 図書目録

本書をお知りになったのは	1. 書店で見て　2. 知人の紹介　3. 小社目録 4. 新聞の広告(紙名　　　　) 5. 雑誌の広告(誌名　　　　) 6. 書評を読んで(　　　　) 7. その他
お買い求めになった動機	1. テーマにひかれて　2. タイトルにひかれて 3. 内容を読んで　4. 帯の文章で 5. 著者を知っている　6. その他
月刊誌「白光」を	毎月読んでいる　　読んでいない

白光出版をご存じでしたか。初めて：知っていた：よく買う

☆以前読んだことのある白光出版の本(　　　　)

ご協力ありがとうございました。

こ ○○さんの馬鹿という想念を頭に描いたとします。口で発したとします。このように放たれた言葉や想念は手紙に書かれた文字とは違って目に見えないため、放たれても人は消そうとはしません。しかしこのように放たれた想念は決して消えることはないのです。私たちには見えないけれども、自分および相手の心の中に見えない文字として、その放たれた想念はどんどん蓄積されていくのです。そして静かだった山が突然噴火するような形でこの静かに蓄積された想念は突然私たちのもとに災難を引き寄せてくるのです。災難は自らの否定的想念によって引きつけられた出来事であるわけなのです。だからこそ時間を見つけては自分の心を見つめなくてはいけないのです。祈りという行為を通して、自らの心の中に蓄積されたこのような思いを赦しの心、愛の心に変容させる必要があるのです。一人ひとりが自らの放つ想いに責任をもち、もし誤った想念を放った場合はそれらをきちんと自らの力で祈りを通して処理するようになり、それぞれの心の中から否定的想念がなくなった時、人類にはじめて調和、平和な世界を生み出すことが出来るのだと思います。一人ひとりの心に戦争の心、争いの心、報復の心、他人を赦せない心があり、その想いが処理されずに放たれつづけると、その想いの渦は国単位にまで発展し戦争を引き起こしてしまうのです。

したがって人類の未来が大きく作用される過渡期にいる今こそ、このように祈りの大切さを理解し、祈りの力で自らの想念を自らの力できれいに処理できる人を一人でも多く増やすことが大切だと思います。会議で発言することも大切ですが、ラズロ博士が話されたように一人ひとりが祈りという行動を通して自らの思いを変えていくことが、世界を変えるための一番の近道だと感じるのです。

注2　アーヴィン・ラズロ氏……「ブダペスト・クラブ」創設者および総長。システム哲学および総合進化理論の創始者としても著名である。

実生活の中での祈り

祈りは本来の自分に戻る方法

祈りは、生活にどのように結びついているのか？　という疑問がふと頭をよぎりました。

私は、時間がある時はもちろんですが、自分の心が時間や仕事に追われてせこせこしている時などは特に、どんなに短い間でも時間を見つけ、祈るようにしています。

忙しさによって心が狭くなり、普段気にならないような小さな事柄にも目がいき、どうでもよいことを気にするようになってしまった時などは、少しでも時間を見つけては祈ろうと心がけています。

なぜなら、心を静かにして祈ることで、自分という小さい枠から外れ、大きな宇宙の流れの中に融け込むことが出来るからです。祈ることで、忙しさに追われて心が狭くなっている自分から解放され、一回りも二回りも大きな自分に戻ることが出来るからです。祈りにより日常生活に追われている自分から離れ、本当の自分に出会うことが出来、本当の自分の素晴らしさ、大きさを実感することが出来るのです。

祈ることで、今まで気になっていた日常の出来事が、「何でそんなに気になっていたんだろう」というように、小さなたわいのないことのように思えてくるのです。

そして、自分がこの世に生まれてきた本当の理由を再認識することが出来るのだと思います。

これはたとえて言うなら、スポンジです。スポンジは乾くと小さくなり、固くなってしまいます。弾力性がなくなり、スポンジとしての役割を果たすことが出来ません。しかし、いったん水を吸わせると、フワーッとふくらみ、大きく、やわらかくなってスポンジとしての役割を果たすようになるのです。

私たち人間もこのスポンジと同じだと思います。この実社会にずっと居つづけていると、時間に追われ、日常生活に追われ、気がつくと自分の心は乾いたスポンジのように、固く小さくなっているのです。しかし、祈りを通して、光を自分の心に取り込むことにより、私たちの心は水を吸ったスポンジのように大きく、やわらかくなり、柔軟性のある本来の人間の姿に近づくことが出来るのだと思います。

祈りは自分を助け、自分を成長させてくれるのです。祈ることで、自分の中にもともと備わっている無限なる直観が溢れ出てくるのです。この自らの内から湧き出てくる光と交流することで、固くなってしまった自分を、柔軟性のある光に溢れた自分へと変身させることが出来るのです。

祈りは、当人自らが障害を乗り越えられるよう手助けをする

祈りは実生活で接する周りの人々へも良い影響を与えます。祈りは、自分を高めるとと

もに、周りの人を高めることが出来るのです。人は、自分の周りに、悩んでいる人や、苦しんでいる人の姿があると見ているのが辛くて、何とかその人を良い状況へ導いてあげられないかとついつい手伝ったり、手を貸したりしてしまいがちです。

しかし、悩みや痛みをその当人に代わって背負うのは一見よいことのように思えますが、それはその人の頼る気持ち、すがる気持ちを増大させるだけで、その人を成長させるという意味では何のためにもならないことだと思うのです。

人生の通り道で突き当たる障害は、過去の自分が作り上げた障害です。自らが作り上げたものであるなら、自らの力で必ず乗り越えられるはずなのです。人には個人差というものがあり、これを簡単に乗り越えられる人もいれば、時間がかかり、なかなか超えられない人もいます。

でも、結論は一つで、必ず乗り越えられるはずなのです。ですから、私たちは祈りを通じて、その人が早く、その人に訪れた一時的障害の乗り越え方を見つけられるよう願ってあげればいいのです。

悩んだり苦しんでいる人に対し、手を貸さずに見ているだけでは心が痛みますが、一生懸命その人のことを祈りつづけていれば、そのような気持ちになることもありません。また、悩んでいる当人もその祈りのパワーによって自然に、自分の心から湧き出てくる答えに気がつくことが出来、自分の力で障害を乗り越えることが出来るのです。

例えば、鉄棒の逆上がりの出来ない子供に対し、かわいそうだからといって足を支え、逆上がりが出来るように常に手助けをしてあげたとします。一見、その子は逆上がりが出来たように見えるかもしれませんが、それは足を持ち上げてもらっているから出来ているのであって、その子供が周りの人から手を貸してもらえなくなった瞬間から、また逆上がりが出来なくなってしまうのです。

これでは何の意味もないのです。その子が逆上がりが出来るようになるためには、その子自身の力で達成できる方法を見つけなくてはならないのです。自分で逆上がりが出来るためのコツを摑《つか》まなくてはいけないのです。

祈りは自分を高めるとともに周りの人々をも高め上げてゆく

　でも、ただ出来ない子供を見ているだけでは心が痛くなり、辛くなってしまいます。こういう時こそ祈りの出番です。その子の無限なる力が発揮させることを、その子の中の無限なる叡智、直観がその子を答えへと結びつけてくれることをひたすら祈ればよいのです。この祈りの心とその子の努力により、障害を一緒に乗り越えることが出来るのです。このようなことから、祈りにより自分も高まるし、相手をも高めることが出来ると思うのです。

　手助けをすることは簡単です。でも、手助けは助ける人と助けてもらう人との間の差を開くだけで、助けてもらう人の成長にはつながりません。人を成長させるためには我慢強く忍耐し、手を貸さず祈りつづけることが大事だと思います。もどかしくて辛いかもしれませんが、祈りを通じて、その人の成長を見守ることが大切なのです。その人を励まし、応援し、理解して見守ってあげることが何よりも大切なのです。

　祈りは自分と相手を同時に高めることが出来るのです。祈りの素晴らしさは、ここにあるのだと思います。祈りは実生活と密につながっており、簡単に実生活の中で行なうことが出来ます。

世界の人々、一人ひとりが祈りの心を常に持ちつづけ、祈りの波動、光を常に放ちつづけることが出来た時、人間一人ひとりの心が平安になり、そして世界が真の平和に包まれることと思います。

そのためにはまず、私たちが自分を常に向上させながら、周りの人をも一緒に向上させてゆく必要があるのです。そのためには祈りが絶対必要であり、したがって私は今後も祈りつづけてゆこうと思うのです。

霊能者ではなく、霊覚者に

霊能者ではなく、霊覚者に

最近テレビで人の未来を霊視したり、超能力を開発するような番組を目にします。二十世紀の物質世界に限界を感じ、人類が目に見えない世界に対する理解を深めはじめているように感じます。

物質偏重社会から脱しようとする社会のこのような現象は良い傾向だと思う反面、今後霊能力開発に対し過剰な興味が沸き起こることで、そちらにしか目が向かなくなる人々が増えてくることに対し、大変な危機を感じております。

母は常日頃から「霊能力者ではなく、霊覚者になりなさい」と言っております。

私たちにとって大切なことは、霊の世界にどっぷり浸かり、透視や霊視など、霊の世界に対する能力を身に付けるのではなく、あくまでも肉体人間としての人格を生かしながら、霊である魂を磨き、人間の姿の中に神の姿を投影することなのだと思います。

人間が目指すべき霊覚者とは、物質である肉体と霊である魂とのバランスがとれた状態のことを指します。霊格者とは、同じ霊でも霊能力者とは全く違う存在なのであります。霊は霊でも目指すポイントが違ってくると、全く違った自分が出来上がってきますので、この点には十分に注意する必要があると思います。

目指すところを明確にする

人間は自らの意識を向けたところ、エネルギーを注いだところがどんどんと開発されてゆくわけで、自分自身のどの部分にどのようなエネルギーを注いでゆくかで、将来現われてくる結果は全く変わってくるわけです。

たとえば競輪の選手と水泳の選手を比べてみると、同じ人間とは思えないくらい、その体つきは違っています。運動するために筋肉が必要であり、トレーニングをして筋肉をつけるという点においては、両者とも同じ意識を持ってトレーニングをします。

しかし、目指す競技種目の違いにより、そのトレーニングの内容や、自分の意識する体の部位が変わってくるため、その体つきが全く変わってくるのです。

私たちの霊に対する意識も同じです。目に見えない霊について興味を持ち、それらを理解、開発してゆこうという試みにおいては霊能力者も霊覚者も同じだと思います。

しかし、その理解をどのような方向に深めてゆくかにより、そのトレーニングの仕方や自分の意識の向け方が全く変わってくるのです。

私が東洋医学を勉強していた時に学んだ気功もまさしく同様でした。気功には、人を治療するような癒しの力が強い気功と、相手を倒す時、戦う時に使う攻撃的な力が強い気功があります。同じ気でも自分がどちらを意識し、どちらを獲得したいかにより、身につく能力は全く違ったものになります。

このような意味で、自分は何を目指しているのかということをつねに再確認しつづけることが、自分を適格に自らの目指す所まで高めてゆくためには大切なことだと思います。

肉体人間としての役割を大切に

私たちは自らの天命を完《まっと》うし、この世での肉体としての役割を終えれば、どんな人も肉体としての殻を脱ぎ去り、霊の存在になります。

したがって、肉体を持ちながらわざわざそれを脱ぎ去る方法、霊能力を学ぶ必要はないのだと思います。肉体を持ちながら、それを脱ぎ捨てる方法をトレーニングして霊である自分を感じたり、霊としての能力を体験したりする必要はないと思います。

なぜならこのような能力は誰もが死を迎えることで、いやでも体験できるからです。それよりは肉体としての殻を持ちながら、この世でしか出来ないこと、肉体を持ったからこそこの世で体験できる、しなくてはいけないことを体験するほうがよほど価値のあることだと思うのです。

したがって肉体世界にいながらも肉体を脱するような訓練を積み、霊能力者としての力を付けるためにエネルギーを使うのではなく、自らの肉体という存在を通して神をこの物質世界に現わしてゆく、霊格者を目指すことが肉体人間としてこの世に誕生してきた理由なのだと思うのです。肉体という存在を否定することなく、霊の存在に目を向け、肉体人間の器に霊の究極の姿の神を現わすことが人類の目指すべき霊格者としての姿なのだと思います。

第4章

本来の自分を輝かす

人間はすべて心

「幸せそう」と言われる理由

研修中の医者の日常は想像を超える忙しさでした。朝七時から仕事が始まり、トイレ、食事にいく暇もなく病院内を走りまわり、気がつくと夜の九時、十時になっているという日が続くのです。一日が丸々休みになることはなく、常に心が時間に追われている状態でした。

しかしそんな中で、私はよく先輩の先生方や看護婦さんたちに「先生はいつも幸せそうだね」と言われたり「そんなに幸せそうに見えるのはまだまだ余裕がありもっと仕事がしたいと言うことかな……」とからかわれたりしました。

しかも先程も述べましたように、私には余裕があったわけではなく、あの時の自分には時間的余裕が一秒すらない一杯一杯の状況にいました。したがって、周りから幸せそうとか楽しそうと見られている事実がむしろ不思議でたまりませんでした。

そんな時、母がよく「人間はすべて心よ。人間の幸せを決めるのも、自分を寂しくするのも、自分を幸せにするのもすべてその人の心次第なのよ。周りの人や環境ではないのよ」と言っていたことを思い出し、私は自分の日常生活を通じてこのことを体験させてもらっているということに気がついたのでした。

心のコントロールが出来れば

周りから見てどんなに恵まれた環境にいる人でも、必ずしもその人が幸せとは限らないのと同じで、どんな大変な環境にいても、自分の心次第で幸せになれるのだと思うのです。

自分の時間が全くと言っていい程無く、時間的にも状況的にも完璧に拘束されても心まで拘束されることはないのだと思います。心の中はあくまでも自由です。周りの状況は決して自分の心までも拘束することは出来ないのです。

自分の心は自分のものです。どんな状況にあっても自分でコントロールできるのです。自分という存在は、外面的な力と内面的な力という全く別の力により影響を受けて存在しているという事実を、私は実際体験し、感じ取ることが出来たのです。

自分が置かれている状況により外面的力の支配力の度合いは変わってきますが、自分の内に存在する内面的な力は誰からも支配を受けません。受けられないのです。そしてこの内面的な力を自分でうまくコントロールしてゆくことで、どんな状況にいても自分を本来の自分、何も拘束されない自由な自分として存在させつづけられるのです。

自分の心はあくまでも自分の自由意志の支配下にあり、どんな状況に置かれても、神様のように何にも、誰にも束縛されない自由な自分をこの世界に現わしつづけられるはずなのです。

私は、これが母の言う「人間はすべて心なのよ」という意味なのだと思うのです。童話の青い鳥のように、人間は自分に足りない何かを外に探し求めてしまいますが、その足りない何かとは外の世界には存在せず、周りや外の状況とは関係なしに自由な自分を保ちつづける自分の内面的な力の存在なのだと思うのです。

自分の人生における足りない何かは、外には決してなく、自分の心の内にあるのだと思います。このことに気がつき、この内面的な力により外界がどんな状況であれ、自分の心を自由に保てるようになれば、常に平静で自由で愛に溢れた自分を保ちつづけられるのではないかと思いました。

たくさんの悩みや課題を投げかけてくれるこの世の中は、自分を鍛えるには最高の場所なのだと思います。

世界の平和もどんな状況下であれ、すべての人間が自分の心に平和を持つことが出来るようになることで実現されるはずです。自分の外に平和を求めるのではなく、自分の内に平和を作り出すことにより実現されてゆくのだと思うのです。

解決法は自分が知っている

専門家に頼る世の中

この世の中は自分がつくった原因を他人に解決してもらう世の中だな、ということをつくづく感じます。

病気になったら病院に行き、他人とトラブルが生じたら弁護士に間に立ってもらい、車が故障したら整備工場に持ってゆき……と昔に比べ、今は専門家が大勢存在する時代です。どんなことに対してもその道の専門家がいてくれるため、自分の人生に異変が起きるとそれをどのように解決するかを考えるよりまず先に、どの専門家に相談するかを考えてしまうのです。

私は決して専門家に頼ることが悪いと言っているわけではないのです。時と場合によっては専門家のアドバイスを仰ぐことも大切だと思います。しかし専門家に頼りすぎることで自分の可能性に制限をかけ、自分で対処しようという気持ちに歯止めをかけてしまうのではないでしょうか。

自分よりも明らかに専門家のほうが何でも知っていると思い、すべての決断をその道の専門家に任せてしまうというのは、少し問題があるのではないかと思うのです。

今の世の中は自分のつくった原因を他人の手によって解決してもらう傾向が強い世の中です。

自分の食べ過ぎにより付けてしまった脂肪を医学の力で解決してらったり、自分の子供がたばこを吸っているのを見つけ、学校の管理不足だと怒ったりと、すべての解決策を他人である専門家に頼っているのが今の現状であります。

本来自分がつくった原因はあくまでも自分で解決するべきなのです。解決できるはずなのです。しかし解決しようと努力をする前に、解決してくれる人や方法を探してあくせくしている人が多いのが今の世界です。

木になっているリンゴと地に落ちたリンゴ

こんなことを考えて道を歩いていると、私は地面に落ちた腐りかけのリンゴに目がゆきました。ふと見上げると、木にはおいしそうなリンゴがたくさんなっているのです。木になっているリンゴも地面に落ちているリンゴも両方ともリンゴはリンゴですが、この二つのリンゴには大きな違いがあります。

木になっているリンゴはいずれ時期が来たらもぎ取られ、値段が付けられお店に売りに出されることでしょう。しかし地面に落ちたリンゴは特に誰に気を留められることもなく、そこでどんどんと朽ちてゆくことでしょう。しかしその朽ちたリンゴはいつの日か新しい芽を土から出し、たくさんのリンゴの実をならせる木になるのだと思います。

この二つのリンゴは両方とも同じ木からなったリンゴです。しかしそれぞれが歩む道、役割は全く違うのです。

大きな目でそのリンゴたちを見つめれば本当にどの道も大切な道です。人や動物に食べられるのも、新しい芽を出し実をならせるのも、大切な大切なリンゴの天命の一つひとつです。

しかし小さな目で見ると、木になっていて太陽の光をさんさんと浴びて輝いているリンゴに比べ、陰でひっそりと腐ってゆくリンゴはみじめに見えてしまいます。

だからといって、その一見みじめそうに見えるリンゴを拾い、それに手を加えて木になっているリンゴと同じ道を歩ませることが、その一見みじめそうに見えることの解決方法かというとそうで

はないのです。

落ちてしまったリンゴには、落ちたなりの立派な役割があるのです。それをわからず表面的に一瞬の変化を見て、その一瞬の変化に対応してゆくことはいけないと思うのです。

物事の根本を見て生きる

少し話がずれてしまいましたが、私がこの例をあげて話をしたかったことは、人間は物事の根本を見て、根本を考えて生きていかなくてはいけないということです。

物事の原因は自分が一番よく知っているはずなのです。つまり自分が根本的解決策を一番わかっているはずなのです。

なぜなら今の自分の人生は何事であれ今まで自分がしてきた選択の結果であるからです。人生の一つひとつの出来事は自分がしてきた一つひとつの選択、選んできた一つひとつの道の結果の積み重ねであるのです。

だからどんな有能な専門家に聞くよりも対処方法は自分が知っているはずなのです。専門家にアドバイスを仰ぐこともちろん大切ですが、そのアドバイスを信じるか、実行するか、またどのアドバイスを選ぶかの判断は、自分が下さなくてはいけないし、下せるはずなのです。

なぜなら今起きている現象の理由については自分が一番知っているからです。そのことを常に頭の片隅において生きていかなくてはいけないと思います。

私は日頃から今、自分の身に起きている一つひとつの問題には常に何か原因があり、意味があると思い、それらを考え、観察しながら生きています。私は自分の人生は自分のものであると思いながら、どこか傍観者的に生きているところがあるのです。

しかしこのように生きてゆくことで、先ほど述べたリンゴの例でいいますと、自分がなぜ地面にいて腐っているのかという理由や、木になって光を浴びているのかという理由が誰に聞くこともなくわかってくるのです。

そしてこのことがわかることで、人生を恐れることなく、焦ることなく生きてゆける気がするのです。頼る人を探しつづけるのをやめて、自分が一番頼りになることに気が付いてほしいと思います。自分で自分を見つめることですべての答えが自分の中にあることに気づくことが出来ます。そして自分を見つめ生きてゆくことで、自分の人生の責任をきちんと取ることの出来る人間になれるのだと思います。

五枚の百円玉

神と自分との関係で生きる

台所の食卓にあった五枚の百円玉を見て、『この五枚の百円玉をとっても、そのことに気づく人は誰もいないだろうな』と思いました。しかし次の瞬間『いやそうではない。他人は気が付かないかも知れないが、自分はお金をとったという事実を知る』と思い直したのでした。そして何事を行なう場合にも、結局は神と自分との関係のみなのだということを感じたのでした。

五井[注3]先生が『神と人間』の中で「人間とは神の生命を形ある世界に活動せしめんとする

神の子」とお書きになっていますが、人間とは、神の光から分かれた小さな光が肉体に宿ることによって存在しているのです。つまり人間とは神との縦のつながりにおいて存在しており、このことを感じながら生きていかなくてはいけないにもかかわらず私たちは日常生活を送る上で、他の人との横の関係ばかりを気にしながら生きています。私たちは周囲の人との関係の上で人生が成り立っているのではなく、神との関係の上で人生が成り立っているのであり、このことを常に意識しながら生きていかなくてはいけないと思うのです。

目の前にお金があり、そのお金をとっても他の人は気がつかないかもしれません。したがって、お金をとるという行為をとがめる人もいないかもしれません。しかし、その行為をとがめる他人はいなくても、自分はすべて知っているのです。見ているのです。

誰にも気づかれないからといってそのお金をとってしまえる人は、他人の目を意識して生きている人間だと思います。他人が自分をどのように思い、評価するかで自分の価値を定め、他人の言動により心が動かされ、惑わされる人です。

他人に絶対気づかれない状況にいてもそのお金をとらない人は、神との関係の上で生きている人だと思います。自分のうちに存在する神の声を聞くことの出来る人です。

自分の心を見つめることの大切さ

お金がなくなったことを周囲の人が気づかなくても自分は知っているのです。お金をとったという事実は自分にしかわからないわけです。したがってそれをいけないととるか、誰も気づかないし、特に迷惑をかけることでもないから気にすることはないと解釈するかは自分が決めるのです。

自分が自らのとった行為に目をつぶるためには、その行為に対する自分なりの理由づけをし、自分の心をだませばいいのです。

〝五枚の百円玉は、財布の中に入れると重くてかさばるからここにおいてあったのだ。お金をこのような所においておくほうが悪い〟など、自らの行為を正当化する理由はいくらでもつくれます。しかしいくら理由をつくっても、自分で自分をだましていることは変わらないのです。他の人のお金をとったという事実は自分の心に残るのです。自分の本心である神は、愛のみの存在であるので、どんな嘘にも素直にだまされてくれるでしょう。でもそれではいけないと思うのです。

自分の心を正直に見つめなおし、自分の本心を今までだましてきてはいないかということを考えてみていただきたいと思います。そして自分を見つめた上で、自分のことを神である、神の分身であると言うことが出来るか確かめてみてください。自らを神であると素直に言える方は自分が行なってきた行為を、良いことも悪いことも含めて赦《ゆる》せている方だと思います。自分が自分を赦せるのならば安心して大丈夫だと思います。しかし自分の行為を振り返り、自らを神の分身といえなくなってしまった方は、今までの自分の行為に対して目をつぶりすぎてきたということだと思うのです。

したがって、これからは他人の目のみを気にする生き方をやめて、自分の中の価値で自分を評価し行動するような生き方に変えてゆく必要があると感じます。ある事実に気が付くということは、変化へのチャンスだと思います。したがって、気づけた事実に感謝し、これからは自分の目で生きてゆくよう努力することで、今とは全く違う生き方をすることが出来るのだと思います。自分を神と思えなくなってしまったという事実を通して、今まで他人の目のみを気にして生きてきた自分に気が付くことが大切だと思います。

誰でも他人の目を気にして生きています。私は他人の目を気にして生きるのがいけないと言っているわけではありません。ただ、時には自分を見つめ、〝私はあのような行為をしてきてしまったがいけなかったな、本心さんをだましてしまい悪かったな、神様、自分さんごめんなさい〟と、自分を省みることが大切だと思うのです。自分を省みることで心の中はきれいになります。神に近づけるようになります。そして自分の行為を省みることを日頃から行ないつづけていくうちに、何事をする場合にも〝本心さん、私はこのようなことをしようと思っているのですが、それをしてよいでしょうか〟と自分に問いかけるようになると思うのです。そしてこのようなことを心がけているうちに自然と他人の中の自分ではなく自分の中の自分、つまり神の中の自分という、神と自分との関係の中で生きていくことが出来るようになってくると思うのです。

他人に嘘を言ってもばれないかもしれません。しかし自らをいつわることは誰にも出来ないのです。

短期間の間ならさまざまな理由づけをすることで自分をだますことが出来るかもしれません。でも人間は成長していく過程でいつか自らをだましつづけることが出来なくなる時が来ます。なぜなら成長していく中でいつか本心が自分の心を気づきの方向へと導いてゆくからです。したがって今の自分よりさらに立派な人間になりたいと思うなら、勇気が必要かもしれませんが、本心が望むように生きていくことが大切だと思います。そのためには自分の行なっている行為が正しいかどうかの分別をつけること、自分を見つめること、神と自分との関係で日常生活を過ごすことが大切だと思うのです。

注3　五井先生……五井昌久氏のこと。1955年、白光真宏会を主宰し、「祈りによる世界平和運動」を提唱して、国内・国外に共鳴者多数。また、各界の指導者に影響を与えた「五井会」を主宰し、合気道の創始者・植芝盛平翁や東洋哲学者の安岡正篤師とは肝胆相照らす仲であった。1980年に逝去。

神を現わすための3ステップ

神を現わすための三つのステップ

「人間は何のために生きているのだろうか?」と聞かれたら、私は「人間はこの世に神の姿を現わすために生きている」と答えると思います。

私たちは光である神様からその一部の光を分けていただき、人間として存在しています。つまり、人間は神の分身であり、神そのものなのです。従って、神である私たちの魂は、すべて知っているのです。しかし、（一）知っていることと、（二）理解していること、そしてそれを（三）実践することは、それぞれ全く別なことなのです。

この違いを「優しさ」を例にとって、説明してみたいと思います。広辞苑（岩波書店）を引くと「優しい」とは「周囲や相手に気をつかって控え目である。つつましい」「おだやかである。すなおである。おとなしい。温順である」などさまざまな意味が書いてあります。三つのステップの第一段階である、知るということはこの意味を知識として自分の中に存在させることを言います。

そして第二段階である理解とは、第一段階で得た知識を理解し、暗記し、自分の中に吸収するということであります。「優しい」という意味を何度も唱え、頭の中でイメージをふくらませてゆくことです。

知識を得てそれを吸収、暗記したら、次は第三段階の実践です。実際、自分で「優しい」という行為を行なってみて、この優しい姿を現わすことです。この優しさを自分の肉体、存在を通してこの世に現わすことが第三段階です。この3つ目のステップ、吸収する、現わすが、新しい自分に生まれかわるための通過点であるわけです。

神を現わすということも全く同じです。（一）知識として我＝神ということを知り、（二）

我は神であるということを理解し、吸収し、（三）実際行動を通して神を自分に現わすということです。

つまり神を現わすにも、知る、暗記する、実践するという三つのステップがあるのです。私たちはこの三つのステップをクリアーするために生きており、そのために今の状況があるのです。今とは瞬間瞬間の積み重ねであり、私たちはこの一瞬一瞬の体験を通じて神である自分を理解しているのです。神である自分を体験しているのです。

そして我＝神である知識を瞬間瞬間の体験を通じて理解してゆくことで、この世界に自分の存在を通して神を現わすことが出来るのです。

日常生活の中で神を体験する

多くの人は厳しい修行を通じてしか、神である自分を体験できないと思っています。したがって、山の中にこもり恐怖や不安と闘ったり、雪山に登り寒さと孤独を体験したり、絶食を続けたりと……。このように自分を極限状態に追い込むことで、自分の中の神を引き出し、体験しています。極限状態に自分を追い込むことで無限なる叡智、可能性、能力が引き出され、それにより自分の中に普段の自分の能力を超えた何かを感じ、それが自分は神であるという気づきに導いてくれているのだと思います。

しかし我＝神ということは本来私たちは生まれ持って知っているはずなのです。したがって本来はこのような厳しい修行をしなくても、我の中に神がいるという真理を理解し、納得できるはずなのです。

わざわざ自分の極限にまで追いやらなくても、日常生活の一つ一つの出来事、小さな体験を通じて自分の中の神を見つけることは出来るのです。

神を理解し体験するということは難しいことではないのです。日頃の生活の積み重ねの中で自分の中に存在する神を、神である自分を感じることが出来ます。

神を現わすために何か特別な修行をしなくてはいけないのではないのです。ただ人間は神であるという知識を身につけ、それを素直に信じ、それを意識して生活すればよいのです。自らが自らの神性に目を向け、意識しながら日常生活を送ることで、自分の中から神を引き出すことが出来るのです。

私たちがこの世に生きている理由

人間は一人一人さまざまな人生をこの世に表わしながら生きています。その中には成功もあれば挫折もあります。喜びもあれば苦悩もあります。しかし人生の善し悪しは、一生を通じて神である自分を体験できたかどうかにかかっているのだと思うのです。自分の中に神を見出せた人、現わせた人、残せた人が人生の成功者だと私は思います。

人生のさまざまな出来事を通し、自分の中の神を体験することが私たちの生きる目標であり、私たちがこの世に生きている理由なのであります。

私たちが生まれ持って知っている我＝神という知識を知識にとどめず体験することが大切なのであります。この世に誕生したからには、日々の努力、意識により自分の中の神を体験し、そしてその小さな体験の積み重ねを通じてこの世に神の姿を引き出しつづけ、残しつづけなくてはならないのです。

そして自らの肉体、存在すべてを通して神をこの世に現わすことが最終的な目的であり、これが自分がこの世に誕生し生きている意味だと思うのです。

どんな闇の中でも真理の光は必ず存在する

人間は本来、光そのもの

生まれたばかりの赤ちゃんを見ると、その美しさに目を奪われ、ただその赤ちゃんの動きを見ているだけで幸せな気持ちになります。

それは、赤ちゃんは神そのもの、光そのものだからです。神の世界からこの世に誕生したばかりの人間は光そのものであり、神の分身そのものなのです。

しかし、この世界で成長してゆくにつれて、その神の光は、私たちが発するマイナスの想念や否定的な行為により覆われてしまい、だんだんと隠されていってしまうのです。

そして、その光があまりにも覆われてしまうと、残念なことに人間は自分が光であったこと、光り輝く神の分身としてこの世に誕生してきたことを忘れてしまうのです。

私の妹はよく、本来、光そのものである人間が、積み重なる否定的想念によりその光を失ってゆく過程を、太陽にたとえて説明してくれます。

人間はどんな人も心の奥底に、奥の奥には太陽のように輝く美しい魂を持って生まれてきています。しかし多くの人は自分の人生を通してたくさんの雲をその太陽の周りに作ってしまっているのです。そのために光がさえぎられ、自分でその光の存在を感じられなくなっているのだと思うのです。だからそのような自分を見ると光のないだめな者と感じてしまいます。そして、そんな自分に自信を持てなくなってしまいます。しかし、決して太陽の光はなくなったわけではなく、太陽の光は遮られてしまっているだけなのです。したがってその光を遮っている雲を少しでも取り除き、雲の間に少しでも隙間を作ってあげれば、その隙間から太陽の光はまた暖かく自分自身を、そして自分を取り巻く多くの人を照らし、輝かせてくれるのだと思うのです。

厚い雲の後ろには光り輝く月が存在している

昨晩は満月でした。私は移動中の車の中から、美しく光り輝く満月に心を奪われ、ずっとその月を見ていました。

しかし残念なことに、あまりお天気がよくなかったため、常に雲が月の一部を覆い隠し、完璧な満月の形が現われていたわけではありませんでした。けれども、私には、その雲の後ろには満月が存在していることが分かっていました。

そんなことを考えながら月を見ていると、そのうち、月は本当に厚い雲で完全に覆われてしまい、私の視界から消えてなくなってしまいました。空のどこを見回しても月は見当たらず、光も全く存在しない闇の世界になってしまったのです。

しかし、そんな闇の中にいても私は知っていました。今日は満月であるということを。そして、厚い雲に覆われてしまっているけれども、その厚い雲の後ろには、美しく光り輝く月が存在しているということを。

真っ暗な空のどこかに月が存在していることを確信していた私は〝どうか、もう一度美しい満月を見せてください。一瞬でいいので、雲さん、月の前からどいてください〟と空に向かって祈ってみました。

しかし雲は厚く、月はなかなか顔を出してはくれませんでした。それでも私は諦めず、光を求め、月の美しさを求め、祈りました。するとしばらくして、風が雲をすっと吹き飛ばしてくれ、月は真っ黒だった空に再び現われてくれたのでした。

闇の世界は一変して明るくなり、美しい月の光が空の中心で輝きはじめたのでした。私は月に感謝し、風に感謝し、そして光に感謝しました。そして、この自然が見せてくれた世界を、今の世界に照らし合わせてみたのです。

闇の中に光を見出す

今の世界はテロ、戦争、宗教対立等といった、たくさんの厚い雲が存在し、この空のどこに光が存在しているのか、全く分からない闇の世界です。私たちは、この世界を覆う雲があまりにも厚いため、〝果たしてこの世界には光が存在するのだろうか〟と疑問を持つことすらあります。

しかし、祈り、願うことにより、風が雲を吹き飛ばし、月が出てきてくれたように、私たちの祈りによってこの世の中の闇――光を覆う雲は必ず消し去られ、雲の後ろに存在している光が、必ずまたこの闇の中に照らし出されるということを、私は自然界から教えてもらい、確信したのでした。

今の世の中は厚い雲に覆われており、そのために闇の世界となってしまっています。光の存在を確信することが出来にくい真っ暗な世界です。しかし、この闇の奥には同時に、光が存在していることを私たちは知っているのです。一見、闇しか見えないように感じても、この闇の後ろ、厚い雲の後ろに光が存在していることを理解しているのです。

この闇の中にも、光が存在していることを知っているということは、心強いことです。光が存在し、その光を求める方法を知っているということは力になります。

祈りつづけていれば雲はどんどん薄くなり、やがて消えてゆくのです。

祈りの力を確信し、それを実行してゆくことが、今この世界、闇に覆われた世界に一番必要なことなのです。私たちの祈りは、確実に闇の世界を光で照らし出す力となるのです。

このことを私は、月から教えてもらったのでした。

本来の自分を輝かす

そしてまた、この闇と光の関係は、そのまま私たち一人ひとりの心の中に置き換えることが出来ます。はじめのほうに書かせていただきましたが、私たちは光としてこの世に誕生したのです。美しく光り輝く満月のような魂が、この私たちの肉体の中に宿り、私たちはこの世に誕生してきたのです。

しかし、過去世《かこせ》からの業想念《ごうそうねん》や、この世で生きてゆく中で発した想念行為により、この光は雲に覆われ、だんだんとその力は弱くなり、そのうち光が存在していたことも分からなくなり、光の存在を忘れ、生活するようになってしまいます。

　自分の中には光があり、自分は光そのものの存在であるのに、そのことを忘れ、生きるようになってしまうのです。そのため、真っ暗な自分、光のない自分、闇の中にいる自分に不安を持ち、恐怖を抱くようになるのです。

　しかし、ここで大事なことは、今は闇しか存在しないように思えても、この闇が自分の本当の姿ではないということです。

　闇の世界は、光が雲に覆われてしまったことによって、一時的に出来上がった世界であり、この世界は通過点に過ぎないのです。

　この闇の中には、今は見えないし、感じないけれども、光が存在しているのです。今は闇しかないように見えていても、自分の中には必ず光があり、自分は光そのもの、神そのものであることを忘れないでください。

　そして、この闇を創り出している業想念の雲は、祈りにより、だんだんと消し去られてゆくという真理を思い出し、信じ、実行していただきたいと思うのです。

そして、このことを実行してゆくうちに、必ず光が闇のどこかから現われてきて、いつしか自分の中に美しい満月が出現するということを忘れないでください。

闇の世界は通過点であり、自分が諦めない限り、必ず通り過ぎることが出来るのです。私たちの中には光があるのです。闇の世界は一時的な世界であり、その闇は祈りによって光の世界に置き換わるのです。

真理と宗教

真理とは、宗教とは……

人間一人ひとりは、真理を知って生まれています。そして、宇宙の中の一部として生きている人間の心が、自らの真理を思い出すために宗教というものがあります。

つまり宗教とは、人生の目的である、自らの真理の追究、探索を導くためにあるのだと思います。そして自分と周囲との関わり合いを通して、新しい真理を発見することが生きる目的であり、時間の流れの中、自と他が影響しあいながら自らの未来に起こりうる出来事を決めていく過程が人生なんだろうと思います。

つまり真理とは、人生を歩んでいく上での地図帳なのです。人はそれぞれ自らの心にその人生の地図帳を持って生まれてきています。そして、人は自らの地図帳における自らの存在位置、そしてその地図の利用方法を宗教を通して学ぶのではないかと思いました。一人ひとりが持っている地図帳（真理）の使い方を教えるのが宗教です。宗教を通し、自らの現在地そして地図の利用方法を学ぶと、人間は精密に描かれている独自の地図にもとづき、北へ向かい歩んでいくか東へ向かって歩んでいくかを自らの意志によって選択するのです。つまり真理とは、自らの内に存在している地図帳であり、そこには自らの未来の目的地への道すじがいろいろと描かれています。その中からどの道を選び、次の目的地をどこにするかは個人の意志により決定されるものなのです。

鳥の卵を想像してみてください。鳥の卵の殻をつくっている成分はみな同じです。卵が十個、二十個と並んでいても、動きもしなければ、何の変化も現われません。それらの違いは私たちにはわかりません。しかしその卵の殻の内側ではひなの命が着々と育っているのです。そして卵の中に命が存在することで何の変哲もない卵に存在意義、命を守っている殻の価値が出てくるのです。何の変哲もない一個の卵の殻に、ひなの命が宿り、その命が外の世界に出たいと強い意志で動きはじめることではじめて、ひなの命と卵の殻が一体化し、殻が割れるという目に見える変化が起こされるのです。

人間も同じだと思います。卵の殻と同様、人間の肉体のつくりもみな同じです。遺伝子もほぼ同じです。しかしこの肉体に宿る魂によって、人間の肉体が存在する意味が出てくると思うのです。

つまり人間の魂が殻である肉体に強く変化を望み肉体に働きかけた時はじめて卵の殻が割れるように肉体に目に見える変化が起きるのだと思います。魂の働きかけなしでは肉体はただの物体に過ぎないのです。魂の働きかけがあってはじめて肉体に存在価値が出てくるのだと思います。

自分の殻を割る方法

神様が人間の肉体に与えてくださった命は、自分が変わりたいと意識して強く働きかけさえすれば、その命の中に存在する真理の導きのもと、その命を神と同じレベルまで高めてゆくことが出来るのです。なぜなら私たちは神と同じレベルにまで自らを高めてゆく情報をすべて持って生まれてきているからです。そしてここに到達することが、私たちに与えられた人生の目標なのだと思います。したがって、自らの内に存在する地図帳（真理）の存在に気づき、その導きのもと自らを高めてゆくという意識を持ちさえすれば、どんな自分でもどんな状況でも変化させることが出来ます。

宗教の教えは本を読むこと、話を聞くことでその知識を獲得することが出来ます。しかし大切なことは知識を増やすことではなく、その情報をもとに自らの内に存在する真理に気づき、それに基づき生きることなのです。

宗教とは一人ひとりの個が持って生まれてきた真理の存在に気づかせる教えに過ぎませ

ん。卵の殻を割る方法に過ぎません。宗教を通して殻を割る方法を知り、殻を割る能力が自らに備わっていることを知った後、殻を割るのは自分自身なのです。その殻に変化を起こすのは自分自身なのです。このことに気が付き、自らの力で殻を割り、自らの人生を自らの内からほとばしり出てくる真理に基づき、歩みつづけてゆくことが、私たち人間に与えられた課題なのだと思うのです。

第5章

自分に誇りが持てる人生

もし無人島で暮らしたら

もし無人島で暮らしたら

ある日、自分が無人島で暮らす風景を想像してみました。誰一人として住んでいない無人島に自分が一人でいる様子です。

家も自分でつくり、食べ物も自分で探し、その探してきた食べ物を調理する道具も、そして毎日着る洋服も自分で作る。こんなことを想像すると、自分

という一人の人間がこの世の中に存在するにあたり、本当に多くの人々、生きとし生けるものの助けのもとに生きているということを感じます。

今の自分が突然無人島に置かれたら絶対に生きてゆけないと思ってしまいました。自分一人が生きてゆくためにしなければならないことがあまりにも多すぎて、何から始めたらよいのか分からなくなってしまうと思いました。

この文明社会の中での私の朝は、電気をつけることから始まります。そして水を出し、歯を磨き、顔を洗い、洋服に着替え、そして冷蔵庫から冷たいお茶を出して飲んで……。これが、日常何の疑問も迷いもなく普通に行なっている朝の風景です。このような動作を特に何を考えることなく毎日行なっています。

しかし、この生活を無人島でするとしたらとんでもないことになります。朝起きて電気をつける……。この単純な行為一つを行なうためにも、まず電気を発電して、そして電球やスタンドをつくりそしてそれを発電所につなげて初めて部屋が明るくなるのです。

朝起きてから二秒くらいで行なっている行動を実際自分一人で行なうためにどのくらい

の月日がかかるのかは想像も出来ません。たった二秒の行動を行なうということにそれだけの時間がかかってしまうとしたら、現代と全く同じ生活を無人島で行なうには自分の一生をかけても無理なんだろうなと感じるのです。

何もない無人島で一から自分の生活を行なうことがこんなにも大変であるということは、つまり自分がこの文明社会の中で何ひとつ一人で行なっていないという証拠なのです。

自分の意識の持つ影響力

今の日常生活の中で、自分一人のみで行なっている活動など存在し得ないと思います。そして、このことを理解すれば、自分が生きてゆく中でどれだけ多くの人の恩恵を受けているのかということが身にしみて分かります。

そして自分の行動は、自分が恩恵を受けている人々との間に作られたつながりのもとに存在するものであり、つまり自分の行動の一つ一つがその行動に関係する人々を傷つけることも、落ち込ませることも、また救うことも癒すことも出来てしまうのだと思うのです。

母は「自分と接するあらゆる人々、そして生きとし生けるものすべてに自分の意識が影響を及ぼし、かつまた、自らも影響を受け、自他ともに宇宙の壮大な運行の流れの一端に組みこまれ、二十一世紀の宇宙の進化創造を司ってゆくのである」と申しておりましたが、無人島で一人で暮らせない自分を想像して、改めてこのことを実感したのでした。

自分の日常生活はたくさんの見えない人々との係わり合いで出来ていることに気が付くと、自分がどれだけ他の人間や動植物たちの影響を受けて存在しているかが分かります。

そして、それは反対に自分がどれだけ多くの人に影響を与えられるかということの理解につながってゆくのです。自分という一人の個の一瞬一瞬の意識、行動がどれだけ多くの人々の考え方や生き方に影響を与えるかということに気づけた時、人間は初めて自分の行動に気を付けて生きることが出来るのだと思いました。

小さな積み重ねが大きな変化を生む

街中でポイ捨てを目にします。このポイ捨てという行為一つとっても自分以外のものの存在を全く考えていないから出来ることなのだと思います。

町がきれいなのは、それはその町を掃除している人がいるからなのです。快適に町を散歩できるのは、その町を快適な町にしようと一生懸命になって町をきれいにしてくれる人の存在のお陰なのです。

爽快な気分で美しい町を歩けるという行為の陰には、その町を少しでも美しくしようと頑張っている多くの人々が存在しているからなのです。

そしてこのように物事を見はじめると、目につくすべてのものの後ろには、見えないたくさんの人々の意識や思いや労力というものが存在しているということを感じるようになってくるのです。すべての裏に存在する見えない力が見えてくると、ごみのポイ捨てなど絶対できなくなるはずです。自分がいらなくなったタバコやチラシを町に捨てるのは簡単です。でもそれをあえて捨てず、ゴミ箱を探して捨てることにより、その町を掃除してくれているお掃除の人の仕事を一つ減らしてあげることが出来るのです。

これは、たった一つの小さな行為なのかもしれませんが、この積み重ねが大きな変化を生むことになるのだと思うのです。

自他に対し担う責任

一人ひとりの人が自分の日常生活の陰に存在するたくさんの人々や生きとし生けるものの存在に気づくことが出来、またその恩恵により生かされている自分に気づいた時、初めて自分は自分の人生の責任だけではなく、自分と接する他の人間やまた動植物たちの生命や存在の責任をも担って生きているという事実に気が付くのだと思います。

人間が生きてゆくという過程の中には、自らの人生の責任のみではなく、自らと接するすべてのものに対する責任が含まれているのだと思います。

個の責任すら負うことが出来ないのに他の責任なんてとても担えない、と思っている方がいらっしゃるかも知れません。

しかし日常生活の中で実際に目にすることはないけれども存在するたくさんの人のことを一人でも多く考えることで、このような責任を完うすることが出来る気がするのです。

無人島の中で生きる自分というものを想像することで、人間の意識の持ち方や、小さな行動の変化により、多くの人にたくさんの幸せをもたらせるという事実に気づかせてくれたのでした。

より大きな流れへの貢献

春の美しい自然の世界を見て、自然界に生きる動植物たちは皆、自分の生活、ライフサイクルを送りながら知らず知らずのうちに、自然界の大きな流れに貢献しているということに気が付いたのです。

動植物たちはそれぞれに個々の生活を送っているものの、その生活自体が自分以外のほかの自然界の流れに役立っているのです。たとえばミツバチは花の蜜を集めるために花から花へと飛び移っては花の蜜を吸いつづけていま

す。しかし彼らは自分の生活のために蜜を集めている中で知らず知らずのうちに花を受粉させています。

山の猿もそうです。猿たちは自分たちが生きるために果物を食べているものの、その食べるという行動を通して食べた植物の種を離れた場所へと運ぶ役割を果たしているのです。彼らは皆、自分の生活を自然に送っている中でその生活そのものが自然の流れに貢献しているのです。

人間も本来は、自分の生活、ライフサイクルを日々送りながらその自らの存在、生活自体が世界の、そして人類の大きな歴史の流れに貢献するべきなのだと思うのです。

私たちは個として生きながら個を超えた大きな流れ、人類のミッションに貢献しなくてはいけないと思うのです。個の存在は個の日常生活のみにあるのではなく、人類の大きな流れに貢献するためにもあるのです。人間は自分のためだけに生きているのではなく、自分の命を通し自然界や人類に貢献しなくてはいけないと思います。

一人でも多くの方がこのことに気づくことが真の世界平和、真の調和の実現に向けて一番大切なことだと思うのです。

個というものは人類の大きな流れの中に存在していて、個の自分と人類の一部としての自分というこの二つの流れの中で私たちは存在しているのです。自らの人生は自らのためではなく、人類の流れの大切な一部であるわけです。このことを一人一人が自覚し、自らが自らの存在を通してどのように人類の流れに貢献できるのかということを考えていくことが大切だと思うのです。

命の流れ

個人の命と人類の命の流れ

改札口から忙しそうに出てくる大勢の人々を見て「この人たちはなぜ生きているのだろうか」そして「私はなぜ生きているのだろうか」と、自分が今この瞬間に生きているという事実がとても不思議に思えたのでした。

命についていろいろと考えていると、この地球を大昔から覆いつづけている命の流れの存在に気が付きました。町中ですれ違う人々は一人ひとりが皆平等に命を持って生きています。大昔から人々は生きることを通じて命の流れを途絶えさせることなく現代にまで存続させています。山の頂きから海までの間、何百、何千キロと途絶えることなく流れる川の水のように、また運動会の種目の一つであるリレーのように、命の流れは時間の流れとともに確実に未来へと引き継がれていっています。命の流れは地球に命が存在したその瞬間から始まり、そして昔も今も人間は自らの存在を通し、個人の人生を生きていると同時に人類の人生をも歩んでいるのだと感じました。

ここでその人類の人生をリレーにたとえてみようと思います。個人がリレーに参加しようとしたらまず申込書を提出しようとするところから始まります。申込書が受理されると、参加許可が下り、スタートラインに立つことが出来ます。レースが始まり、チームメートからリレーのバトンを受け取り、自分が与えられた区間を一生懸命走り抜くことで、その人のリレーでの役目は終わりとなります。個人が自らの意思でリレーに参加してその大会を一生懸命走るという行為により、リレーという競技が成り立ち、その結果その個人記録、大会記録が出てきます。リレーにおいてはその個人の働きは個人記録であると同時にチームの記録となるわけです。つまり個人の人生という中でその個は一生懸命生き抜きます。

実績を残します。しかしその個の人生というものは個の記録であるとともに人類の記録となるわけです。

運動会で赤チーム対白チームで戦っている場合、リレーの一区間における個人の記録とは本当に小さなものです。意識して目を向けない限り見えてこない小さな小さな記録です。しかしその個人にとって見れば自分が走っている一区間は自らのために、チームのために一生懸命頑張った時間なのです。そしてその懸命に頑張った時間、懸命に生き抜いた時間は、個の一部としてずっと記憶される時間であるとともに人類の命の流れを懸命に未来へと引き継いだ時間となるのです。つまり人間は個人の生を充実させようと生きていると同時に、人類が大昔から存続させてきた命の流れの一部として、その命の流れを未来へ引き継ぐという大きな仕事をしているのだと思うのです。

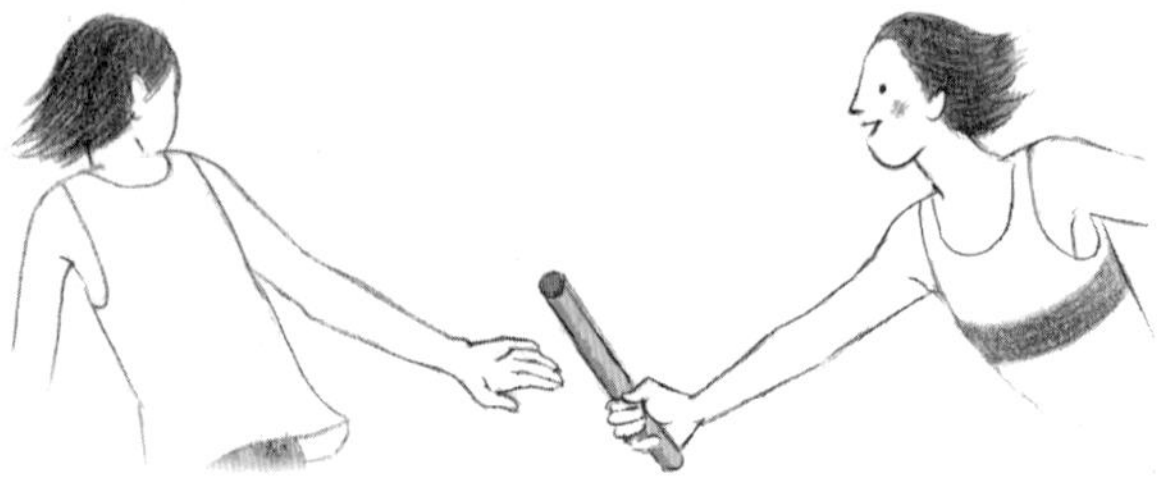

自らの命を絶つ意味

　生を美しく感じるというのは、人をはじめ植物も動物も神様から与えられた命を懸命に生きているからだと思います。どんなに小さな花にも命を感じます。そこに命が存在していることを感じます。美しいと思います。それはどんな小さな植物であっても動物であってもみな、神から頂いた命を一生懸命生き抜いている姿だからです。

　このように考えてみると、この世界から命を自らの手で絶つという行為（自殺など）が神の真理からはずれてしまっている行為だということも納得できる気がしました。自分が生きることを望んでこの世に誕生したからには、自らの生を完うさせることが人間としての大切な仕事なのです。自殺とはリレーにたとえますと、リレーに出たいと自らが望みチームを作り、練習をしたにも拘わらず、リレーの途中で走ることをやめてしまうということなのです。自らが自らの勝手な意思で走ることを止めてしまうことで、そのチームは失格となってしまい、その人の後に続く選手の走りたいという気持ちを踏みにじってしまったことになるのです。前の選手から受け継いだバトンを次の地点で待っている人に渡すのを拒否したことになるのです。その個の勝手な意思がそのレースに向けて練習してきたチームの思い、自分の前に走った人の思い、自分の後に走るべきだった人の思いを踏みにじることになるのです。自分の人生なんだから、自分の思うままに生きればいいではないかと思うかもしれません。しかし自分の命や他の命を絶つということは、今まで大昔から続いてきた命の流れを絶つことであり、これから自分のあとに続くはずであった命の流れを途絶えさせてしまうことになるのです。自らが望んで生きることを選択したからには、たとえ自己ベストが出せなくても、レースに勝てないとしても、そのレースを走り抜くことが大切なのではないかと思うのです。大切なことは、バトンをつなぐということでありますす。したがって歩いてもいいので自らの使命である人類の流れを未来へとつなげるという役割を果たしてほしいと思うのです。

生きているということが素晴らしいのだと思います。一人ではもう歩くことも出来なくなり友達の肩を借りなくては次の地点まで行けなくなったとしても、どんな状態に置かれたとしても、その区間をつなぐという行為がとても尊いのだと感じました。個人の生というものは一見すると一人ひとり全く別のように思えます。しかし大きな目で見るとすべてつながっていて一人が人類に対して与える影響は大変大きいと思うのです。

命の流れを未来へ引き継ぐ役目

命についていろいろと考えていると、この世界に存在する一人ひとりの命が大変尊く美しく思えてきます。私たちは命の流れを未来へ引き継いでゆくという大きな役割を担っているのです。このような大切な役割を神から与えられたのですから、責任をもってこの大役を果たすことがこれから生きていく上での課題となってゆくのだと思います。祖先から受け継いできた命をどう未来へとつないでゆくかを真剣に考えること、自分の命を大切にすると同時に未来の命を守っていくということが世界平和のための第一歩となるのだと思います。

自分が神から頂いた命を自分の生を通して輝かせてゆき、そしてより素晴らしい命の流れを未来へと引き継ぐために自分は生きていると思うのです。

自分に誇りが持てる人生

死を迎えての満足度

人が死ぬと、その人の魂は光り輝いた神の世界へ戻ってゆきます。そして、その人がこの世に存在するために着ていた西園寺真妃という肉体の存在は、まるで身につけなくなった洋服のようにたたまれ、人々の心の中に想い出として永遠に残ります。

魂がこの世で生きるために身につける肉体という服を、他の人々から〝あのような服を自分も着たい〟と思われるように、より崇高で気高く美しいものに作り上げていくことが、この世で生きる意味だと思います。

人間は自分の死を素晴らしいものにするために、生きているのではないかと思うのです。死ぬ直前に自分の作り上げた一枚の服という人生の作品を眺めてみて、どれだけその出来映えに満足できるか、その満足度が高いほど、その人が迎える死は輝かしくなるのではないかと思うのです。

もし洋服に片袖を付け忘れたら、片袖を付ける時間が欲しいと後悔し、死と向き合うことが出来ないでしょう。しかし洋服が完成し、誰もが息を飲む作品が出来上がったのなら、この世での仕事をきちんとこなせたことに満足し、前向きに死と直面でき〝次は神の世界だ〟と輝かしい未来へ向かって旅立てるのだと思います。

一日生きたということは一日死に近づいたということだと思っております。したがって一日が終わった時、

自分の歩いてきたそれまでの人生を振り返り、つまり自分が今まで製作してきた服を見て、どのように感じているかということがとても大切なことだと思うのです。

今の自分に誇りを持つために

自分が行なってきたことは、自分が一番よくわかっています。果たして自分の生き方を振り返ってみて、自分のことを自分で褒めてあげられるでしょうか。他人には自分の行なってきた良いことだけを伝えることで「あなたの生き方は素晴らしい」と褒めてもらえるかもしれません。

でもそれは自分には通用しません。なぜなら、自分には自分が行なってきたすべての事柄が見えてしまうからです。自分の失敗、後悔のすべてを自分に対しては隠すことが出来ないのです。でも、それらをすべて含めて今の自分を褒められるような自分が今存在しているなら、今まで歩んできた道は正しかったのだと思います。

なぜなら、自分の過去のすべてが今の自分を作っているからです。したがって今の自分に誇りの持てる人は、過去の自分がどうであれ、その生き方は素晴らしいのです。

なぜなら、人生という洋服を作っている最中に失敗して穴が開いてしまったとしても、その穴をきれいにふさげば出来上がった服は美しいからです。開いた穴をきちんとなおせば、過去にその服に穴が開いていたことには気づかないことでしょう。

人間は無限なる自由と創造力を神から授かった時から、さまざまな失敗を繰り返しながら進歩してきました。私も今まで何回も〝ああ、こうしなければよかった〟と思うことがありました。でも、そんな時はいつも自分の失敗を認め、同じ間違いは繰り返さないように反省します。しかし反省した後は、失敗に目を向けるのをやめて、昔を引きずるようなことはせず、未来のために今を充実させることへと視点を変えてゆきます。

今の積み重ねが未来を作るのです。自分に誇りが持てる人生を作るためには、後悔することをやめて今をきちんと生きることが大切だと思うのです。

揺るぎない信念と柔軟性

母に「自分の信念を強く持つことは大切だけど、信念を強く持つということと固執は違うから、それを取り違えてはいけません」と言われ、母はこの違いを木に譬《たと》えて説明してくれました。

太くて真っ直ぐ伸びた木は、風が吹くと耐えられず、すぐに折れてしまいます。しかし柳のような木だと多少の風では折れず、風の吹く方向に一緒になびきながら持ちこたえることが出来ます。

人生もこれらの木々と同じで、信念に固執してしまうと、世間からの逆風に耐えられず倒れてしまうのです。でも揺るぎない信念とともに、柳のような柔軟性もきちんと持っていれば、周りのものに倒されることなく周りの流れに乗りながら自分の信念を通してゆくことが出来るということだそうです。

私は小さい頃から、〝人々に愛され尊敬され、人々の役に立てるような人間になりたい〟

と思ってきました。これは私の信念です。でも、この信念を実現するには、いろいろな道があると思います。学校の先生という職業についても、弁護士になっても、私の信念を貫くことが出来ます。どの道を選ぶのかは自分であり、自分で選び、挑戦してみて、〝この道は間違った〟と思ったら、その選んだ道に固執せず、すぐに道を変えるべきだと思うのです。選んだことは、絶対成功させるまで続けなくては、という考えは、一度しかない今の時間を浪費してしまうことになるのだと思うのです。

自分の人生は自分のものです。誰に遠慮する必要もありません。自分の信念をしっかり持ち、それを実現させる一番よい道を常に選びつづけながら毎日を過ごすことが大切なことだと思うのです。そしてこのように一日一日を大切に生きてゆくことで、自分が一生を通じて作り上げる〝人生〟という服を光り輝くものへと完成させてゆくことが出来るのだと思うのです。

自分の力で輝いていますか?

世の中には、自分の力で光ることが出来る人と、他人の光を浴びることによって自分の存在を主張する人がいます。自分の力で光り輝くことが出来れば、周りの状況に左右されることなく、常に一定の光を放ちつづけ、生きてゆくことが出来ます。しかし、他人の光を利用して自分を輝かせている人は、光を放っている人の影響を受けてしまうため、光る時もあれば、光があまり当たらないために、その存在がくすんでしまう時が出てきてしまいます。

つまり、他人に依存して生きてしまうと常に他からの影響を受けつづけながら存在することになってしまうのです。そういう人は、自分に自信を持つことが出来ません。人間は自分で光ろうと努力し、自分の内にある〝光のスイッチ〟をつけようとしない限り、自分の力で輝き、自信を持って生きることは出来ないのです。

これはたとえるなら、太陽と月のようなものです。太陽は自分の内からエネルギーを放出し、光りつづけています。周りの状況がどのようであれ、常に一定の光を放ちつづけ、自分の存在を表わしているのです。

しかし月は違います。月も光っているという点では同じなのですが、月はあくまでも、太陽の光を利用することで輝いているのです。太陽の光に当たり、それを反射することで自分を表わしているのです。

したがって、皆既月食（太陽と月の間に地球が入り、月面に当たる太陽の光を完全に遮断する現象）の日には、月はそこにあるにもかかわらず、太陽の光が当たらないために、あたかも存在しないかのように感じられてしまうのです。

光り輝いているという意味では、太陽も月も一緒なのですが、その光の根源を見てみると自分の内部から光を放っているか（太陽）、または強い光のそばに存在し、その光の力を借りて光っているか（月）という点において、この二つはぜんぜん違うのです。

他人の力、他人の光を借りて光るのではなく、自らの内部にある〝光のスイッチ〟をつけて、自分の内より光ることで、その光のエネルギーは周りにも放出され、自分とともに周りの人々をも同時に光らせ、輝かせることが出来ると思います。

他人に影響されることなく、常に一定の光を放出しながら、自分および他をも光らせることの出来る太陽のような人間になりたいし、なっていただきたいと心から思うのです。

あとがきにかえて

この本をお読みくださいまして、有難うございます。この本の中から、皆様がご自分の力で輝く方法を見つけるヒントを一つでも得ていただけたら本当に光栄です。

人間には素晴らしい能力が、すべての人に与えられています。すべての人がその力を持ってこの世に生まれてきています。でも、ただその力を持っているだけでは勿体ないので、ぜひその力を発揮され、ご自身の力で輝かしい未来を創造していただきたいと、心から祈っています。

最後にここで、私は一つの祈り言葉をご紹介して、この本を締めくくらせていただきます。この本の中で、私は祈ることの素晴らしさについて触れました。しかし、どんな祈りをしたらよいか分からない方がおられるかも知れません。そこで、私が大好きな祈り言葉を最後に書かせていただきます。

この祈り言葉は私の祖父であり、哲学者、宗教家である五井昌久先生が提唱された祈り言葉です。この祈り言葉には世界のすべての人の平和を祈る気持ちがこめられています。この祈り言葉の中には祈った方の大好きなご家族や友人の方、そして祈られたご本人の幸せや平和を願う気持ちはもちろん含まれますが、祈った方が知らない、会ったこともない世界のすべての人、また、普段は嫌いで話題にさえ出てこない親戚や上司、お知り合いの幸せや平和を願う気持ちも一緒に入っています。

この言葉を唱え、祈ってくださると、その優しい愛のお気持ちはこの祈り言葉にのって世界中に行きわたります。すべての人の心に響きわたります。簡単で誰にでも出来る祈りなので、ぜひお時間がある時やちょっと祈ってみようかなとひらめいた時に、この祈り言葉を使ってお祈りしてみてください。皆様の心の中にある暖かい太陽のような優しい心は、必ず皆様の肉体という媒体を通り、皆様が発する祈る気持ちにのって、皆様の周りをはじめ多くの人々に行きわたることと思います。

人のために祈ったこと、人の輝きのために発した優しい心は、結果的に自分を輝かせる大きなパワーとなって、皆様のもとに返ってくるのだと私は思うのです。

この本をお読みになって、自分の特権がまだ分からないと思われる方や、自分が輝くためにまずどんなことを始めたらよいか分からないという方がいらしたら、ぜひ静かに祈る時間、自分を見つめる時間をご自身の生活の中でつくり、この祈り言葉を祈ってみてください。自分の幸せ、自分の平和、自分の輝きが世界の幸せ、世界の平和、世界の輝きになるのと同じで、世界の平和を願う心は必ず、自分の平和という結果となって、皆様のもとに戻ってくることを私は確信しています。

この本を手に取ってくださり、この本を読んでくださいまして、本当に有難うございました。本を通して出会うことが出来ました皆様の平和、皆様の幸せを、私は心から祈り、願っています。

見つけようとすれば、必ず自分が輝く方法が見つかります。探すことをやめないで探しつづけ、実践しつづけて、必ず自分の力で輝くような人になってください。

世界平和の祈り

世界人類が平和でありますように
日本が平和でありますように
私達の天命《てんめい》が完《まっと》うされますように
守護霊《しゅごれい》様ありがとうございます
守護神《しゅごじん》様ありがとうございます

西園寺真妃（さいおんじまき）
学習院幼稚園入学後、中高時代をアメリカとドイツで過ごす。海外より帰国後は東海大学医学部に入学する。大学時代に西洋医学を勉強する中、人間の治癒能力を高めることに目を向けている東洋医学に興味を持ち、大学卒業後一年間東洋医学を勉強する。その後、三重大学医学部附属病院、鈴鹿中央病院および慈恵医科大学附属病院で研修し、現在は白光真宏会副会長として二人の妹と力を合わせ、三姉妹で講演活動や機関誌への執筆を通し真理の普及に努めている。

白光真宏会出版本部ホームページ　http://www.byakkopress.ne.jp
白光真宏会ホームページ　http://www.byakko.or.jp

自分の力で輝く

平成十八年五月二十五日　初版

著　者　西　園　寺　真　妃
発行者　秋　山　和　寛
発行所　白光真宏会出版本部
〒418-0102　静岡県富士宮市人穴八一二－一
電　話　〇五四四（二九）五一〇九
ＦＡＸ　〇五四四（二九）五一一二
振替　〇〇一二〇・六・一五一三四八

東京出張所
〒101-0064　東京都千代田区猿楽町二－一－十六
下平ビル四〇一
電　話　〇三（五二八三）五七九八
ＦＡＸ　〇三（五二八三）五七九九

印刷所　加賀美印刷株式会社

乱丁・落丁はお取り替えいたします。
定価はカバーに表示してあります。

©Maki Saionji 2006 Printed in Japan

ISBN4-89214-170-4 C0014

白光出版の本

内なる自分を開く
―本心開発メソッド―

五井　昌久

本書で紹介している「消えてゆく姿で世界平和の祈り」を実践していると、自分の内に、何があっても絶対大丈夫と思える、もう一人の自分（本心の自分）が存在していることを実感できるようになるでしょう。そして、自分も人も同時に幸せになってゆきます。

定価1680円／〒290円

自　己　完　成

西園寺昌美

あなたは自分が好きですか？　人間の不幸はすべて、自分が自分を好きになれないところから始まっている。自分が自分を赦し、愛せた時にはじめて、自分本来の輝かしい姿を見出せるのである。著者は誰もが容易に自己完成に至る道を説く。

定価1575円／〒290円

ワーズ・オブ・ウィズダム
～心のノート～

西園寺由佳

日々浮かんでくる〝どうして？〟〝なぜ私が？〟という疑問。でも、ちょっと見方を変えたら、その答えは自分の中にあることに気づくはず。誰の心の奥にも宇宙の叡智とつながった〝本当の自分〟が存在しているのだから……。人生の見方を変えるヒントが一杯つまった、心を輝かせるフォトエッセイ集。

定価1680円／〒290円

※定価は消費税5％込みです。